JN418771

경북의 종가문화 26

# 변화하는 시대정신의 구현, 의성 자암 이민환 종가

경북의 종가문화 26

# 변화하는 시대정신의 구현, 의성 자암 이민환 종가


기획 | 경상북도 · 경북대학교 영남문화연구원
지은이 | 이시활
펴낸이 | 오정혜
펴낸곳 | 예문서원

편집 | 유미희
디자인 | 김세연
인쇄 및 제본 | 주) 상지사 P&B

초판 1쇄 | 2013년 10월 31일

주소 | 서울시 성북구 안암동 4가 41-10 건양빌딩 4층
출판등록 | 1993년 1월 7일(제307-2010-51호)
전화 | 925-5914 / 팩스 | 929-2285
홈페이지 | http://www.yemoon.com
이메일 | yemoonsw@empas.com

ISBN 978-89-7646-315-9 04980
ISBN 978-89-7646-307-4 (전8권)


ⓒ 경상북도 *2013 Printed in Seoul, Korea*



값 23,000원

경북의 종가문화 26

# 변화하는 시대정신의 구현, 의성 자암 이민환 종가

이시활 지음

예문서원

## 지은이의 말

올 봄에 전통문화에 관심이 있는 몇몇 지인들과 함께 산운마을과 그 주위를 답사하고 왔다. 의성의 산운마을로 들어가는 입구에 400여 년이 넘은 연륜 깊은 회화나무 한 그루가 우리 일행의 시선을 확 끌어당긴다. 그 나무는 온갖 시련의 생채기를 견디면서 생명력을 유지하고 있는 것이 인상적이다. 마치 고난의 세월을 헤쳐 온 산운마을의 역사를 몸소 보여 주고 있는 듯이, 인생을 가볍고 쉽게 살아가지 않았던 산운마을 사람들의 참된 삶의 자세를 묵묵히 보여 주는 듯하다. 산운마을의 고택들은 국내 최초의 화산인 아름다운 금성산과 절묘하게 조화를 이루면서 세월에 무심한 듯 꿋꿋하게 자리를 지키고 있다. 논밭으로 둘러싸여 있는 산운마을 주위는 현대를 살아가는 우리들에게 고즈넉한 평온함의 여유를 가져다주고, 금성산 위로 신비하게 펼쳐져 있는 구름은 바쁜 일상적 시간을 잃어버리게 하는 신비로움의 행복을 가져다주며, 산운마을 정겨운 황톳길과 고택의 흙 담장 위에 생명을 뿌린 이름 모를 앙증맞은 꽃들은 도시문명에서 상실하고 있는 자연의 풋풋함과 소박한 싱싱함을 일깨워 준다. 그 산운마을에서 생기가 가장 충만한 곳에 자암 이민환 종가가 자리 잡고 있다. 자암종가의 건축물은 솟을대문과 사당을 제외하고는 그 어떤 종가보다 초라하다. 하지만 본채와 사랑채에서 금성산을 바라보는 기세의 절묘함은 자연을 닮고자 했던 자암의 부드러움과 대쪽 같은 강직함의 원천이었음을 현대인의 속물적 삶에 찌든 눈에서도 느낄 수 있었다. 자암종가는 전통의 무게와 자연의 향기가 조화롭게 어우러져 현대인들에게 다채로운 상상을 불러일으키는 멋스러움을 가지고 있다. 우리 일행은 이러한 멋에 흠뻑 취하면서 힐링을 제대로 하였다.

자암 이민환(1573~1649)은 한평생 인간에 대한 애정과 연민으로써 당대 사회를 바라보았으며, 정의와 진실의 힘을 철칙으로 여겼던 강직한 성격의 소유자였다. 그는 광해군 때 명나라의 원군으로 후일 청나라가 된 후금 사이에 벌어진 사르후 전쟁에 도원수 강홍립의 문종사관으로 파병되었다. 이 전쟁은 이민환의 일생에서 가장 큰 고난과 시련을 겪은 사건이지만, 후대 동아시아 지성사에서 그의 발자취를 뚜렷하게 남긴 사건이기도 했다. 그는 포로로 잡혀 후금의 수도 건주의 감옥에서 포로생활을 했다. 그는 감옥생활 동안 고초와 굴욕과 회유를 겪으면서도 의연한 자세를 잃지 않아 명나라 사람은 물론 후금 사람들조차도 이를 흠모하여 어르신으로 존경하였다고 한다. 또한 그 와중에 깨어 있는 지식인으로서의 자신의 책무를 다했다. 사르후 전투의 상황과 포로생활의 모습, 후금사회의 문화풍습과 누르하치 일가에 대한 생생한 묘사를 기록하였고, 감옥생활 동안 자신을 수양하고 무장하기 위한 글을 지었다. 그 저서가 바로 「책중일록柵中日錄」, 「건주문견록建州聞見錄」, 『조문록朝聞錄』이다. 「책중일록」과 「건주문견록」은 명청교체기 후금의 역사적인 기록이 전혀 없는 동아시아 지성사에서 가장 가치 있는 독보적인 기록물로 알려져 있다. 명청교체기 동아시아 국제적 정세하에서 결과적으로 후금에게 패배하여 자신의 목숨을 부지하였다는 것은 이민환의 삶에 있어서 트라우마와 현실적 시련으로 다가왔고, 권력투쟁하에서 상대방에게 공격의 빌미를 제공하였다. 하지만 그는 조선으로 귀환한 뒤에 정치적인 좌절기에서도 향후 조선이 어떻게 살아남을지에 대한 진정한 대책을 마련했던, 그야말로 나라와 백성을 생각하였던 지식인이었다. 꿈과 이상은 좌절과 절망의 생채기에서 새순처럼 돋아난다고 했는가. 자암 이민환은 인간다운 꿈과 이상을 실천하면서 기뻐했고, 고통과 좌절 속에 슬픔과 비애를 느낀 우리 주위에 있는 평범한 사람과 같다. 하지만 그는 평범한 사람과 달리 고통과 역경 속에 주저앉지 않았고, 그것을 몸으로 맞서면서 의연하게 한 시대를 살았던 지식인이었다. 풍요로운 물질문명 속에 한없이 왜소하고 나약해진 현대인들에게 좋은 귀감이 되는 인물이다. 따라서 절망 속에 자신의 의무와 미래의 희망을 바라보는 이민환의 자세는 현재까지도 가치가 있다.

자암 이민환의 불천위 제사는 산운마을 입향조인 삼부자, 즉 그의 아버지 학동 이광준과 그의 형 경정 이민성과 함께 산운마을 입구에 금성산이 보이는 학록정사 광덕사에서 지내는데, 삼부자의 기일에 맞추지 않고 매년 4월 첫째 주 일요일에 공동으로 지내고 있다. 삼부자의 불천위 제사는 자암의 유지대로 제사의 기본 정신은 유지하면서 시대현실에 맞게 실용적으로 변화하였다. 종부와 종손의 부담을 최소화시키는 방식으로 제례가 진행된다. 영천이씨 학동종회에서 조상을 추모하는 자손들이 제사를 준비하고, 종손과 종부가 참여하는 방식으로 진행된다. 여성의 일방적인 노동과 종부의 헌신적인 희생을 강요하는 제사의 부정적인 측면을 탈피하고, 삼부자를 추모하는 자손들을 중심으로 제사 업무를 분장하는 민주적인 방식으로 제례는 이루어지고 있다. 지금 현실에서 제사 지내기의 방법에 참고할 만하다. 이로 인해 이 책의 제목을 자암의 삶과 더불어, 변화하는 시대정신의 구현이라고 명명한 것이다.

이 책은 철저하게 현대적인 시각에서 전통을 바라보는 방법으로 적으려고 노력하였다. 현대적으로 종가의 의미를 생각하고 미래의 가치를 찾고자 하였다. 이 책은 모두 여섯 장으로 구성되어 있다. 제1장에서는 자암 이민환이 태어난 산운마을의 인문지리적 배경과 형성 과정을 그의 아버지이자 산운마을 입향조인 학동 이광준을 중심으로 살펴보았고, 또 산운마을 주위에 있는 수많은 자연문화경관에 대해서 소개하였다. 제2장에서는 자암 이민환의 삶과 지식인적 태도를 현대적으로 고찰하였으며, 제3장에서는 경정 이민성, 운곡 이희발, 일제강점기 시절 저항가 등을 중심으로 자암가를 빛낸 사람들에 대해서 살펴보았다. 제4장에서는 자암종가를 중심으로 산운마을의 건축물에 담긴 인문학적인 의미와 산운마을의 유물을 고찰하였으며, 제5장에서는 자암의 제례를 삼부자의 불천위 제사에 초점을 맞추어서 살펴보았다. 마지막 제6장에서는 자암 종손과 종부와의 대화를 통해서 종가의 기본 정신과 종가문화 등에 대한 현대적인 고민과 미래의 방향에 대해 모색해 보았다.

사실 이 책은 경북대학교 영남문화연구원 종가연구팀 연구책임자인 정우락 선생의 진심어린 강권으로 나오게 되었다. 정우락 선생은 내 삶에 부족한, 학문적인 열정으로 똘똘 뭉쳐진 사람이다. 이 책을 쓰는 동안 전통과 현대 사이의 갈림길에서 많은 생각을 하게 해 주었다. 감사의 말씀을 전한다. 종가연구팀의 실무자인 백운용 선생도 나에게 많은 도움을 주었다. 그리고 자암 종손 이승진 씨와 영천이씨 학동 종회장인 이규식 회장님도 이 책에 관해서 관심을 기울이고 많은 조언을 해 주었다. 이분들께 무슨 감사의 말씀을 올려야 될지 모르겠다. 이 책이 혹 자암가에 누가 되었는지 모르겠다. 너그러운 마음으로 이해해 주리라 믿는다.

이 책을 쓰는 동안, 물질만을 좇는 이전의 산업화시대처럼 종가 전통의 틀을 파괴하고 전복하는 것이 아니라, 종가 전통의 역사를 더욱 깊게 연구하여 그 뿌리에서 아직 발견되지 않는 새로운 미래의 가능성을 도출할 수 있는 길이 무엇일까 내내 고민하였다. 하지만 그 고민의 답은 아직 없다. 어떤 여류시인의 유고 시집의 이름처럼 '모든 사라지는 것들은 뒤에 여백을 남긴다' 라고 하였다. 지금 현재의 종가는 사라지면서 또 여백을 남기고 있다. 그 여백 속에 현재 우리가 무엇을 채워 넣고 무엇을 남겨 둘지는 미래의 일이다. 마치 자암종가의 드넓은 마당처럼 우리가 그려 나가야 할 여백이 현재 남겨져 있다.

2013년 5월 31일
산운마을 어느 담장 밑에 핀 작약꽃을 생각하면서
이시활

## 차례

# 제1장 전설 품은 금성산에 안긴 450년 산운대감마을

# 1. 구름 너머 옥녀가 머리 풀고 있는 곳: 산운마을과 금성산

선비의 땅, 영남에서 가장 많은 전설과 이야기를 간직한 산과 마을을 하나 꼽아 보라면, 바로 경북의 중심지 의성군의 남쪽 관문인 금성면 수정리에 위치한 옥녀봉, 즉 금성산과 그 산 아래에 있는 450여 년의 전통을 간직한 영천이씨 집성촌 산운마을일 것이리라. 보는 사람들에게 위압감을 주지 않고도 늠름함을 잃지 않는 외유내강형의 영남의 명산인 금성산은 중생대 백악기에 형성된 우리나라의 가장 오래된 화산이다. 북쪽의 백두산, 남쪽의 한라산보다 시기가 훨씬 앞선 국내 최초의 화산인 셈이다. 이로 인해 옛사람들은 칼데라인 금성산 정상 봉우리를 김이 무럭무럭 오른다 하여 시루봉이라 불렀다고 한다. 또 금성산은 옥녀

금성산과 비봉산

가 황학을 타고 이 산에 처음 내렸다고 해서 금학산이라고도 한다. 이 산은 한반도에 까마득한 날에 하늘이 처음 열리고 만물이 탄생되는 시점과 함께하고 있는, 태초의 신비로움을 간직하고 있다.

의성군의 너른 들판 위에 비봉산과 나란히 마주 보고 있는 금성산은 보는 위치에 따라 천변만화의 아름다움을 보여 준다. 이 산은 동서남북의 원거리에서 보아야 전체적인 아름다움이 드러난다. 산의 서쪽, 세월의 무게를 견디면서 의연하게 서 있는 국보 77호 의성 탑리의 오층석탑에서 바라보면 일본의 명산 후지산처럼 부드럽게 우뚝 솟은 모습을 하고 있고, 남쪽 산운리에서 바라보면 옛날 선비들이 탕건을 쓰고 앉아 있는 늠름한 모습이거나 혹은 한 마리 학이 비봉산의 봉황과 함께하면서 날아가고 있는 신비의 형상을 하고 있고, 북쪽에서 보면 산발한 여인의 형상이나 여인네들이 타는 가마의 생김새처럼 보이고, 동쪽에서 바라보면 여인의 길게 뻗친 머리카락처럼 보이며 산봉우리들이 웅장하면서 엄청나게 크게 보인다.

공룡 화석이 발견되는 금성산 주위에는 유구한 역사의 흔적이 남아 있다. 옛날 삼한시대 부족국가인 조문국시대에 축성한 쇠울산성, 즉 금성산성이 세월의 무게와 함께하면서 금성산 일부에 허리띠를 맨 격으로 두르고 있다. 현재 금성산 동쪽 수정리에서 그 정상으로 올라가는 수정계곡 사이에는, 오랜 세월을 거쳐 내려오는 동안 무너져 허물어지기는 하였지만, 아직도 성의 석축 일부가 남아 있다. 화산 칼데라인 금성산 정상의 오백여 평의 평지는 조문국 왕이 최후를 맞이하기 전에 금성산성에 피난해 있는 동안 병마를 훈련시키던 곳이라 전하며, 지금도 그때의 취사흔적이 곳곳에 남아 있어 패망한 나라의 쓸쓸함을 엿볼 수 있다. 또한 정상에 묘를 쓰면 후손은 신비로운 명산의 정기를 받아 부자가 되나 금성산 주위 오십여 리 안은 비가 오지 않아 주민들이 농사를 못 짓는다고 하니, 가뭄이 들면 지역민이 기우제를 지내고 암

산운마을에서 바라본 금성산

장한 묘를 찾아 나섰다는 이야기가 심심찮게 들려온다.

이러한 금성산에서 뻗어 나온 가장 왼편의 남쪽 지맥을 병풍 삼아 남향에 있는 마을이 바로 산운마을이다. 마을 뒤편 금성산 위로 신비한 구름이 아름답게 감돈다는 뜻에서 산운이라는 명칭이 붙여진 것이다. 산운마을에서 구름으로 둘러싸인 금성산의 모습을 바라보면 아름다움의 감탄을 넘어 인간의 세속적인 모든 욕망이 덧없음을 알려 주는 무릉도원에 온 것과 같은 행복한 착각에 빠진다. 산운마을은 꾸민 데가 없이 자연스럽고 아름다우면서 완전무결하여 흠잡을 데가 없는 천하명당이다. 의성에서 금성산의 한 자락이라도 보이는 것만으로도 길상이라고 여길 정도인데, 산운마을은 뒤로는 부드럽게 우뚝 솟은 금성산이 떡 버티고 있고, 앞으로는 비봉산 한 자락의 야트막한 능선 사이로 삼태성三台星의 북두산과 필봉의 선암산이 서로 마주 보는 좋은 터에 자리 잡았다. 게다가 기름진 문전옥답 사이로 동쪽의 물이 맑고, 금성산과 비봉산의 협곡인 수정계곡에서 흘러내린 물이 서쪽으로 흘러 대평들에서 쌍계천과 합류하고, 쌍계천이 학미들, 초전들, 구련들 등과 같은 광활한 들판을 형성시키고 있으니, 농사짓기 좋아 세세년년歲歲年年 년년세세年年歲歲 풍년가를 부를 수 있는 풍요로운 땅이다. 이처럼 신비와 전설, 풍요와 지혜를 간직한 살기 좋은 터에 영천이씨들이 자리 잡고 집성촌을 이루었으니, 가문의 번창을 보는 것은 눈에 뻔한 일일 것이리라. 아니 그 어떤 성씨가 그 터에 집성촌을 이루었다 할지라도 가문의 번창을 확실히 보장받았을 법하다. 산운마을 영천이씨 가문에 전설처럼 전해 오는 이야기를 가사로 엮어 만든 「옥녀사」에는 산운마을 터에 대한 그들의 자긍심을 전설처럼 한마디로 집약하고 있다.

> 내 고향은 옥경玉鏡이요, 내 명호는 옥녀玉女로서
> 금성산 상상봉에 거처한 지 오랜지라.
> 천마봉天馬峰 옛 이름은 옥녀로 고쳐 짓고

이 땅에 처음 올 때 황학黃鶴 타고 내렸기로, 이 산 이름 금학金鶴(금성산의 옛날 명칭)이요,
앞산에 퉁소 불 때 봉황이 춤추기로 그 산 이름 비봉飛鳳이요,
단장할 때 보는 거울 건너봉(쌍계천 너머의 百丈山)에 걸렸기로 그 봉은 괘경掛鏡이라.
머리단장 할 때 뽑은 비녀 앞동산에 두었기에 앞동산은 금차金釵이요,
이 아래 큰 동네는 만산채운滿山彩雲 얽혔으니
상서로운 빛이 찬란키로 그 이름 산운이라.

이처럼 산운 사람들은 그들이 거주하고 있는 터를 황학을 타고 하늘에서 내린 옥녀의 신비로운 시원始原의 전설을 간직한 땅으로 노래하고 있다. 옥녀가 거울 앞에 머리카락을 풀어뜨리고 단장을 하고 있는 듯 유장하게 뻗친 금성산, 비봉산의 흐름은 바로 옥녀산발형玉女散髮型의 상서로움의 대명지이다. 예로부터 옥녀산발형의 명당은 뭇 사람의 선망을 받는 재자가인과 뛰어난 인물이 많이 배출되는 곳으로 잘 알려져 있다. 이처럼 산운마을은 전형적인 배산임수 지형에다가 옥녀가 거울 앞에 머리를 단장하는 절묘한 형국이어서 굳이 풍수를 따지지 않더라도, 과문한 사람의 눈으로 봐도 명당이자 길지이다. "인간미 넘치는 인후한 마을에서 사는 것이 아름다우니, 이러한 인후한 마을을 택하여 살

지 않으면 어찌 그를 지혜로운 사람이라 하겠는가?"(子曰, 里仁爲美. 擇不處仁, 焉得知?)[1]라는 공자의 말처럼, 산운마을 사람들은 아름다운 산과 맑은 물이 있고 인간다움을 잃지 않는 장소를 잘 선택하여 살면서 자연을 인간화하고 인간을 자연화하는 일상적 삶을 가장 아름답고 지혜로운 것으로 인식하였던 것이다. 산운마을에 전해지는 선비들의 사랑방 가사 「한별곡恨別曲」에서도 "금성 비봉 높은 산에 녹의홍상綠衣紅裳 떼를 지어, 두견화 머리 꽂고 송기 꺾어 가로물며, 백석담白石潭에 손발 씻고 녹음하에 빰돌 치니, 불여귀不如歸 우는 소리 서산낙조 잠깐이라.…… 학록정사鶴麓精舍 높은 집을 문부로門父老께 허가 얻어, 개장밥 시켜 놓고 외수박 참 먹으며, 환선紈扇 놓고 척사擲柶 치니 손뼉소리 같이로다"라고 읊고 있다.

구름에 달 가듯이 시간이 조용히 흘러가는 마을, 산운마을은 전통의 동양사회가 이상향으로 삼았던 바로 그러한 고향산천이다. 산운마을은 이 고장 사람들에게는 꿈의 동산, 영원한 고향산천으로 인식되었던 것이다. 이처럼 인간과 자연, 자아와 세계와의 거리감이 없어 어머니 품속과 같은 영원한 안식과 위안을 가져다주는 장소를 산운 사람들은 고향산천이라 이름하면서 특별한 애정과 의미를 부여하였다. 산운마을은 단순히 거주의 장소를 뛰어넘는바, 반짝이는 창공의 별을 보고 갈 수가 있고 또 가야만 하는 길의 방향을 가르쳐 주는 정신적 역할을 수행하는 인간 삶의 지침이 되었다. 따라서 그곳에는 한 존재의 탄생과 성장과 사라짐이라는 개인적 삶의 역사가 아로새겨져 있으며, 가족과 이웃의 공동체적 삶이 보존되어 있고, 또 국가와 민족의 정신적 삶이 녹아 흐르고 있었을 것이리라.

그렇다면 인간과 자연을 동일시하면서 소외와 고립이 없고 인간 존재가 영원히 추구해야 할 이상적인 꿈이 실현될 수 있는 무릉도원의 세계라는 상징으로 다가왔던 영천이씨의 집성촌 산운마을에 누가 가장 먼저 들어왔던 것일까?

## 2. 산운마을의 입향조: 학동 이광준과 그의 아들들

영천이씨는 고려시대 때 영동정領同正을 지낸 이박李礡을 시조로 하는 세계世系와 평장사를 지낸 이문한李文漢을 시조로 삼는 세계, 즉 일성이시조一姓二始祖가 있다. 이박을 시조로 하는 영천이씨 족보가 처음 만들어진 때는 우리나라 최초의 족보인 안동권씨 성화보成化譜(1476)보다 76년 늦은 1552년 조선 명종 7년이고, 고려 초에 평장사平章事를 지낸 이문한을 시조로 삼는 영천이씨 족보가 만들어진 것은 1741년 영조 17년이다. 수백 년의 세월을 거슬러 올라가면서 득성得姓의 연원을 밝히고 세계를 정확하게 기록하여 전승한다는 것은 아주 어려운 일이다. 대체적으로 우리나라 많은 성씨들의 족보에도 대동소이하게 이와 같은 어려운 점이 반영되어 있다. 영천이씨도 이전에 기록이 전혀 없기 때문에 애석하게도 득성의 연원이나 세계를 분명하게 밝히지 못하고 있다. 이로 인해 영천이씨들이 영천에 거주한 토성土姓으로서 득성한 것인지, 혹은 경주이씨에서 분관득성分貫得姓하였는지에 대해서는 더 이상의 문헌적인 기록이 남아 있지 않다. 따라서 이 책의 주인공인 자암紫巖 이민환李民寏도, '『삼국사기』와 『삼국유사』를 조사하면 신라 6대 성 가운데 영천이씨가 들어 있으니 영천이씨가 세상에 드러난 지는 벌써 오랜 세월이 흘렀지만, 고려 중기 이전의 상계에는 어떠한 기록도 남아 있지 않아 더 이상 상세히 살필 수 없어 한스러울 뿐' 이라고 말하였다.

고려 초기 사람으로 추정되는 이문한이 고려 중기 사람으로 추정되는 이박보다 앞선 시기의 사람이기에, 영천이씨의 두 가지 세계를 억지로 무리하게 연결시키려는 불미스런 행동들이 근세에 있어 왔다. 하지만 이박을 시조로 하는 영천이씨 족보가 이문한을 시조로 삼는 영천이씨 족보보다 200여 년이 앞서고 있는 실정이고, 또 이박과 이문한 사이의 관련성을 살펴볼 수 있는 호패戶牌, 관교官敎, 고신告身[2] 등과 같은 어떠한 조그마한 기록과 증거자료도 없는 것이 현실이다. 따라서 시조를 달리하는 일성이시조로 유구하게 내려왔던 역사적 현실을 그대로 받아들이는 것이 현명하고 지혜로운 선택일 것이다. 그렇다 하더라도 그 옛날로 거슬러 올라가면 영천이씨들은 영천으로 득본한 어떤 한 명의 시조로부터 출발한 같은 핏줄임이 틀림없을 것이다.

금성산과 비봉산 자락의 아름다운 신화와 전설이 남겨져 있는 산운마을에 터전을 잡은 사람은 영동정 이박을 시조로 삼는 영천이씨의 14세손인 학동鶴洞 이광준李光俊이다. 지금으로부터 450여 년 전이다. 이광준은 본래 군위 땅에서 비범한 자질을 타고 태어났다. 말로만 떠들어 대는 심지가 나약하고 얼굴이 창백한 지식인만이 난무하는 요즘, 그는 학문과 무예를 겸비한 살아 있는 진정한 선비라고 할 수 있다. 예로부터 살아 있는 지식인, 진정한 선비의 조건으로 학문과 무예를 두루 겸비한 사람을 서슴없이 꼽았을 정도로 문무의 겸비란 선비에게 최고 이상의 필요조건으로 여겨져 왔다. 이처럼 문과 무를 함께 겸비하는 것은 보통의 자질과 인격과 노력으로는 성취하기 힘든 일임은 분명한 것이다. 여기에서 학문이란 세계에 대한 예리한 지적 통찰력으로 수반되는 지혜이고, 무예란 학문적 지혜를 통해 옳다고 여기는 것에 대해 굴하지 않고 행동할 수 있는 강고한 실천력이다. 따라서 바람직한 세상, 옳다고 여기는 이상을 위해 강고한 실천으로 행동할 수 있는 지식인을 그 옛날 진정한 선비라고 불렀던 것이다.

이광준은 문무를 겸비한 지식인이다. 그는 학문에도 발군이었지만 용맹함과 담력이 아주 뛰어나서 젊었을 때 말달리기와 활쏘는 것을 좋아하였다. 영천이씨는 원래 무반 가문으로서 조선시대 사대부 집안으로 변화하였다고 생각한다. 따라서 이광준

또한 무인으로서의 가문의 피가 흐르는 것을 멈출 수 없었을 것이다. 구전되는 얘기에 따르면, 그는 의성 지방인 처가 쪽으로 말을 몰면서 무예공부에 힘썼다고 한다. 하루는 금성산과 비봉산 기슭 쪽으로 힘차게 말을 몰고 가다가, 갑자기 산운마을 서편 입구(솔끝) 근처 보리밭에서 급한 볼일을 보게 되었다고 한다. 그가 보리밭에서 일을 보고 있노라니 지나가던 상좌와 시동侍童이 주고받는 이야기가 들려왔다. "이곳이 명지名地인데! 벌써 주인이 와 있는 모양이야!" 우연히 이 얘기를 엿들은 그는 신비한 힘에 이끌려 급히 그들을 뒤따라가서 상좌에게 그 사연을 물었더니, "이곳 금성산과 비봉산록이 명지라 여기에 집터를 잡으면, 당대에 벼슬길에 오를 수 있을 것이고 후손들도 번창하여 길복을 누릴 수 있을 것이라"라고 하였다.

당시 군위의 양곡 땅에서 살고 있던 이광준은 그 말을 듣고 곧장 1558년(명종 13)에 부모와 형제는 군위에 남겨 두고 자신의 처와 갓 태어난 첫째 아들만 이끌고 현재 산운마을 앞동산 너머 비봉산 자락인 쇠랑골(일명 蘇侍郎里)에 첫 터전을 마련하였다. 이광준이 입향할 그 당시에는 뚜렷한 지명이 없었기 때문에 마을을 새롭게 개척했다는 의미에서 산운 '새터' 라고 불렀다. 그러다가 산운 새터에서 태어난 이광준의 셋째 아들 이민환이 광해군 때 명나라를 도와 후금과의 전투에 종사관으로 파병되어 사르후(富車) 전투에서 후금에 포로로 잡혔다가 17개월여 만에 조선으로 귀환한 적이 있다. 이민환이 후금에 포로로 있을 동안 절의를 끝까지 굽히지 않았기 때문에 후금 사람들도 그의 충절을 감탄하고 존경하였다고 한다. 이런 이민환의 행적을, 중국 한무제 때 시랑 벼슬을 하였던 소무蘇武가 흉노에 사신으로 갔다가 양국관계가 악화되어 포로로 억류되었지만 한나라에 대한 충절을 지키면서 19년 만에 귀환하였다는 이야기와 자주 비유하였다. 그 당시 조선의 지식인들이 이구동성으로 이민환을 '조선의 소무'라고 칭송하였다. 따라서 그때 이민환이 살고 있는 동네를 사람들이 소시랑리蘇侍郎里 혹은 소랑촌蘇郎村이라고 불렀던 것이다.

산운마을로 들어온 이광준은 불과 몇 년 뒤인 1562년(명종 17)에 스님의 계시대로 문과 대과에 급제하였고, 또 그곳 산운마을 새터에서 둘째 아들 이민성李民宬과 셋째 아들 이민환李民寏, 넷째 아들 이민개李民愷를 낳았다. 산운마을에서 태어난 이광준의 아들, 즉 둘째 아들 이민성은 1597년(선조 30)에 문과 대과에 올랐고, 셋째 아들 이민환도 1600년(선조 33)에 문과 대과에 급제하였으며, 29세 때 요절한 넷째 아들이자 막내인 이민개는 무과에 급제하였다. 당시 삼부자가 문과 대과에 급제한다는 것은 결코 쉬운 일이 아니었다. 중국에 당송팔대가인 소식 삼부자가 있어 인문학의 황금기를 열었다고 한다면, 조선에서는 학동 이광준, 경정 이민성, 자암 이민환 삼부자가 등장하였던 것이다. 산운마을 입향조인 이광준과 그의 아들 대에 이르러 영남의 명문가로 우뚝 성장하였다. 스님이 계시한 신비한 그 예언들이 정확하게 적중하였던 것이다.

『자암문집』의 기록에 의하면, 쇠랑골에서 나지막한 동산과 개울 하나 너머에 있는 지금의 산운마을에 영천이씨가 터를 옮겼을 때는, 이광준이 강원도관찰사를 끝으로 모든 벼슬을 그만두고 고향에서 주위의 학자들에게 경서를 강론하고 산수자연과 벗하던 1609년(광해군 원년)이었다. 그때 이민성, 이민환 형제가 부친 봉양을 위해서 서로 의논하여 좀 더 넓고 아늑한 터전인 산운마을로 옮겼다. 이광준은 쇠랑골과 산운마을이 금학산(금성산)을 병풍처럼 두르고 있다고 해서 자신의 호를 학동鶴洞이라고 불렀다. 산운마을로 옮긴 1609년은 바로 이광준이 팔순을 바라보는 나이였다. 그해 이광준의 생일날 그는 여러 아들과 조카들 앞에서 "인생 팔십 년은 지금도 드물지만 옛날에도 드물었네"(八十人間世, 今稀古亦稀)라고 먼저 읊조리고, 시문에 뛰어났던 둘째 아들 이민성에게 그 다음 시구를 이어 보라고 하였다. 이민성은 스스럼없이 "다시 앞으로 십 년이 백 년으로 바뀌어서 팔백 살을 살았던 팽조와 같은 수를 누리소서"(還將十變百, 彭祖與同歸)라고 뒤 시구를 이었다고 한다. 그러자 주위의 모든 사람들이 마을의 큰 경사라고 칭송하였으나, 안타깝게도 그해에 이광준은 향년 일흔아홉 살로 생명을 마감하였다. 그 후 이광준은 1640년(헌종 6) 군위의 오양서원梧陽書院에 봉양되었다가 홍선대원군의 서원철폐령으로

빙계서원

오양서원이 훼철된 후 현재는 산운마을에서 가까운 춘산면 빙계리(속칭 얼음골)에 있는 빙계서원氷溪書院[3]에 배향되고 있으며, 산운마을 학록정사에 있는 광덕사光德祠에서 아들 이민성, 이민환과 더불어 불천위로 제향祭享되고 있다. 이광준 사후에 그의 문집이 7권 5책으로 간행되어 금성산과 비봉산 자락의 수정사에 보관되었으나 불의의 화재로 모두 소실되고 말았다. 영천이씨 후손들이 이광준과 교류가 있었던 여러 대가들의 글을 찾아 겨우 한 수의 시와 수 편의 글과 금석문 등 몇 편 안 되는 자료로 사후 350년 되던 해인 1959년에 『학동일고鶴洞逸稿』라고 이름하여 출간하였다.

이광준은 학문과 무예로 단련된 강직한 성품의 소유자로서 올바르지 않은 일을 일절 행하지 않았으며 정치권력을 장악한 권세가에게도 굴하지 않았다. 젊어서 참판參判 심의겸沈義謙과 동문수학하고 또 함께 급제하여 교분이 매우 친밀하였다. 후일 서인의 거두가 된 심의겸이 이조정랑吏曹正郎으로 있을 때 이광준을 적극 추천하여 청요직淸要職[4]에 앉히려 하였다. 하지만 이광준은 학식과 덕망, 명예와 권위의 상징인 청요직을 미련 없이 사양하였다. 왜냐하면 심의겸이야말로 명종비 인순왕후의 동생으로, 그 권력을 사유화하여 김효원과 함께 동서 붕당을 전개한 직접적인 장본인이라고 생각했기 때문이었다. 이때부터 이광준은 대의명분과 정의를 실천하기 위하여 심의겸과 모든 교분을 끊고 왕래하지 않았다. 이처럼 그는 청렴하고 불의를 참지 못하는 강직한 성격의 행동하는 지식인이었다.

이러한 이광준의 성격은 선대로부터 대대로 형성되어 왔던 것이다. 이광준의 5대조이자 영동정 이박의 9세손인 나은羅隱 이려李麗는 고려가 망하자 불사이군不事二君의 명분과 신념에 따라 "나라 없는 백성이 어디 있으며, 나라 없는 가문이 어디 있겠느냐?" 라고 하면서 조선 초기 영천에서 군위 양곡으로 은거한 군위 입향조로서, 이름도 고려의 려麗자로 고친 다음 평생토록 나라 잃은 마음을 잊지 않고 지냈다고 한다. 이려의 높고 청아한 행동과 절의는 백이와 숙제가 수양산에서 절의를 지키는 것과 도연명이 귀거래사를 읊으면서 은거한 것과 같은 것이라 할 수 있다. 이 지점에서 한유가 백이를 가리켜 지조와 절개가 고상하여 주관 없이 시대조류에 좌우되지 않는 "우뚝 서서 홀로 행하여 천하와 후세의 비난에 상관하지 않고 신념이 확고한 사람이다" 라고 칭송한 「백이송伯夷頌」의 한 구절이 생각난다. 소위 지식인이라는 사람들이 대중들이 그를 칭찬하면 스스로 대단하다고 여기고, 대중들이 그를 비난하면 스스로 부족하다고 여기는 일희일비의 사회풍조에서, 설령 어느 누구도 알아주지 않는다 할지라도 정의롭다고 여기는 자신만의 굳은 의지와 신념으로 초지일관 삶을 살아가는 자세는 지금 우리가 배워야할 자세일 것이리라. 이런 집안 내력의 강직한 성격과 신념 때문에 이광준은 권세에 굴하지 않아 오랫동안 하급관료로 머물면서 주현州縣을 다스렸다. 고을을 다스릴 때 백성을 편리하게 하였고, 아전들을 단속하였으며, 호족들을 제압하여 가는 곳마다 명성이 자자하였다고 한다.

1592년 임진년 봄이 되자 강릉에서는 땅강아지와 개미 떼가 바다를 덮으니 조정에서는 병란의 조짐이라 하여 문무를 겸비한 인재를 선발하여 파견하기로 하였는데, 바로 이광준이 선발되어 강릉부사로 부임하게 되었다. 이광준이 부임한 지 얼마 되지 않아 임진왜란이 일어나서 왜군들이 강릉을 침범하게 되었다. 그 소식을 들은 그는 산골짜기에 노약자들을 먼저 피신시키고 관리들을 단속하여 백성들을 평상시처럼 조용히 있게 하고 성문을 평소와 같이 활짝 열어 놓으니, 왜적들이 나아갈까 물러설까 의심하면서 두려워하였다. 이때 두 아들인 이민성과 이민환이 임소에 있었는데 나이가 겨우 스물 남짓 되었으나, 그들은 군사들과 함께 선봉으로 출격하였고 뒤따르는 군사들을 두 갈래로 나누어 신비한 계책을 써서 불의에 왜군을 크게 치니 왜군이 혼비백산 달아났다. 임진왜란 때 오직 강릉만이 상처 입은 백성이 한 사람도 없었다고 한다. 따라서 암거정巖居正이 기록한 「강릉송덕비명江陵頌德碑銘」에 따르면, 강릉의 백성들은 "우리들을 낳아 주신 이는 아버지이나, 우리들을 살려 주셨던 사람은 이광준 공이로다"(生我者父, 活我者公)라고 노래하였다고 한다. 또한 강릉 백성들은 "오직 이광준 부자께서는 하늘이 이 영동 땅에 은혜를 베풀도록 내려 주신 것이니 동해의 물이 말라도 어찌 그 은혜를 갚지 않을 수 있으리. 그 후에 이광준이 강원도관찰사로 부임하니 강릉 사람들이 다투어 가서 맞아 절을 하였다" 라고 한다.

쇠랑골에서 옮긴 산운마을도 길지 중의 길지라 그 후에도 문무를 겸비한 뛰어난 인재들이 잇따라 나와서 산운의 명성을 떨쳤다. 쇠랑골과 산운마을은 작은 동산과 개울 하나 남짓하게 떨어진 가까운 거리로, 그야말로 앞마을과 뒷마을 정도에 해당하는 짧은 거리에 위치하고 있다. 이로 인해 지금 산운마을 사람들은 아직도 산운마을에서 보이는 앞동산과 앞개울을 쇠랑골에서 주거하고 있었을 때 불렀던 명칭 그대로 뒷동산과 뒷거렁(개울)으로 지칭하고 있다. 아직까지도 이 마을에 입향했던 자존과 긍지를 주위 사물의 명칭에 그대로 부여하고 있는 셈이다.

산운마을로 들어와서 태어난 이광준의 둘째 아들 이민성과 막내이자 넷째인 이민개는 자식이 없었으나, 셋째 아들 이민환은 무려 아홉 명의 아들을 두게 된다. 아홉 명의 아들 중에 셋째 이정기와 여섯째 이정지를 각각 형 이민성과 아우 이민개에게 양자를 보내 핏줄을 잇게 하였다. 이민환의 아들 중에 맏이 이정상과 입적된 셋째 이정기는 문과 대과에 급제하고, 여섯째 이정지와 일곱째 이정오는 무과에 급제하는 영광을 누리게 된다. 산운마을으로 입향한 후 이광준과 산운에서 태어난 총 12명의 그의 아들과 손자 중에 무려 5명이나 문과 대과 급제자가 되고, 4명이 무과급제자가 되는 등 문무급제자가 조화롭게 배출되는 경우는 조선조에 아주 드문 상황이었기에, 산운마을은 일시에 영남의 명문가로 발돋움하였다. 할아버지, 아버지, 손자 3대가 연이어 문과 대과에 급제하는 것도 결코 쉽지 않은 일인데, 3대에 걸쳐 5명의 문과 대과 급제자와 4명의 무과급제자를 배출하였다는 것은 당시 상황으로서는 웬만한 가문이 아니고서는 불가능한 일에 가까웠다. 벼슬의 높낮이가 중요한 것이 아니지만, 어떤 개인적 한 존재가 자신의 꿈과 사회적 이상을 실천하려면 관리로 등용되어야만 하는 당시 조선의 현실에서, 산운마을에 입향하고 난 후에 과거급제로 자신의 꿈을 실현할 수 있는 계기를 마련한 영천이씨의 저력은 가문 전체의 위상에 절대적인 영향을 미쳤다. 따라서 산운마을에서 사는 영천이씨들은 자신들을 특별히 산운이가로 칭할 정도로 대단한 자존감을 지녀 왔던바, 산운마을을 개척하고 터를 일구어 가문을 빛내고 대대손손 살게 하였던 학동 이광준과 그의 아들 경정 이민성, 자암 이민환을 산운마을 학록정사에서 불천위 제사로 받들고 있는 이유가 바로 여기에 있다.

이와 같이 산운마을은 결국 이민환의 핏줄들이 자자손손 터를 일구면서 성장하고, 문무를 겸비한 가문으로서의 새로운 문명의 질서와 문화의 자존감과 정체성을 간직하고 있다. 그 후 조선후기 세도정치가 성행하던 시기에 영남의 남인 학자로서 벼슬길이 막혔을 때, 이민환의 6대손인 운곡 이희발이 문과 대과에 급제하여 후일 형조판서에 제수되었고, 9대손인 죽파 이장섭이 고종 때 문과 대과 급제를 하였다. 이처럼 산운마을의 후손들은 입향조인 이광준의 미래의 흐름을 선취하는 예지력, 즉 땅과 자연의 신비한 생명력과 인간능력의 무한함을 조화롭게 펼칠 수 있는 길지를 선택한 예지적인 선구에 빚지고 있는 셈이다. 어떤 등산 기자가 "만일 조물주가 우리나라 산꾼들을 위해 산을 하나 만들라고 기자에게 지시한다면 경북 의성군의 너른 벌판 위에 마주보고 우뚝 선 금성산과 비봉산을 벤치마킹하겠다"라고 극찬할 정도로 신비한 힘을 주는 산세 아래에 인간이 터를 잡은 덕분이라고 한다면, 지나친 억측일까? 여기에서 영동정 영천이씨의 계보와 입향조 이광준과 그의 아들 및 손자의 계보를 간단하게 그려 보면 다음과 같다.

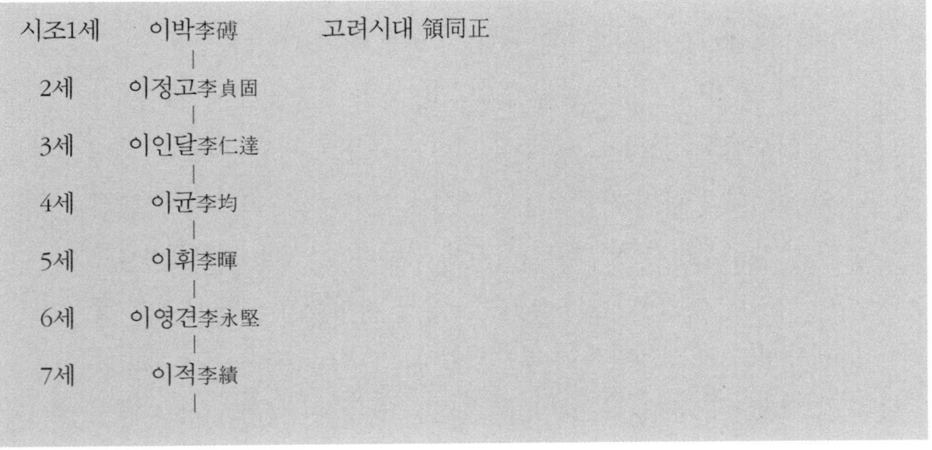

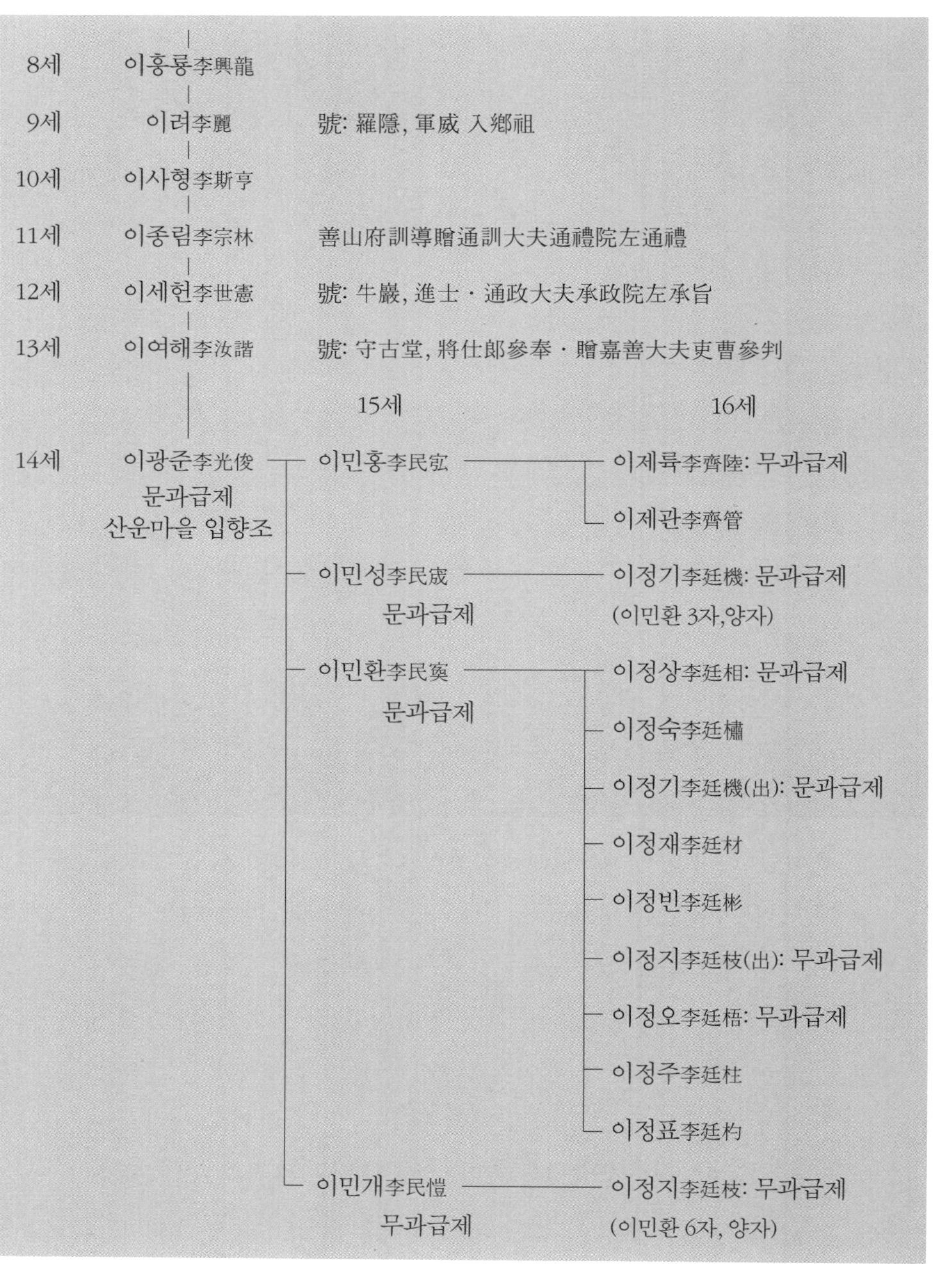
8세 이홍룡李興龍
9세 이려李麗 號: 羅隱, 軍威 入鄕祖
10세 이사형李斯亨
11세 이종림李宗林 善山府訓導贈通訓大夫通禮院左通禮
12세 이세헌李世憲 號: 牛巖, 進士 · 通政大夫承政院左承旨
13세 이여해李汝諧 號: 守古堂, 將仕郎參奉 · 贈嘉善大夫吏曹參判
15세
16세
14세 이광준李光俊
문과급제
산운마을 입향조
이민홍李民宖
이제륙李齊陸: 무과급제
이제관李齊管
이민성李民宬
문과급제
이정기李廷機: 문과급제
(이민환 3자,양자)
이민환李民寏
문과급제
이정상李廷相: 문과급제
이정숙李廷橚
이정기李廷機(出): 문과급제
이정재李廷材
이정빈李廷彬
이정지李廷枝(出): 무과급제
이정오李廷梧: 무과급제
이정주李廷柱
이정표李廷杓
이민개李民愷
무과급제
이정지李廷枝: 무과급제
(이민환 6자, 양자)

# 3. 산운마을의 형성과 그 주변 자연문화경관

산운마을은 이광준이 처음 입향했던 쇠랑골이 있던 수정리와 현재의 산운마을이 있는 산운리를 합쳐 일반적으로 부르는 말이었다. 한국전쟁 전후로 350여 가구가 넘을 정도로 대규모의 마을이었고, 주민의 80퍼센트 이상이 대부분 영천이씨였다고 한다. 산운마을도 현대화라는 시대의 흐름에 따라 많은 이들이 도시로 나가고 현재 남아 있는 가구는 150여 가구 정도로, 영천이씨 집성촌으로서의 위치는 점점 엷어지고 있는 현실이다. 하지만 농촌마을 치고는 큰 편이라 할 수 있다. 산운마을에 가면 우리가 어린 시절 보고 듣고 느꼈지만 현재는 기억 너머로 사라졌던 많은 것들이 고이 간직되어 있다. 산운마을은 과거의 추억, 영원한 시원 속으로 우리를 돌아가게끔 한다. 산운마을은 현실과 신화, 전통과 현대가 공존하는 평화로운 곳이다. 산운마을 주위에는 태초의 원시적인 신비로움과 자연과 인간의 동일화를 꿈꾸었던 현대인이 잃어버린 아름다움이 숨 쉬고 있다.

산운마을이 유교마을로 지정되고, 마을 입구에 산운생태공원이 생기면서 한없이 한적했던 마을에는 요즈음 사라져 가는 것에 대한 희미한 기억을 찾는 나그네와 나그네의 손에 이끌려 온 아이들의 발길로 북적인다. 나그네들은 자연과 사람의 냄새가 나는 다양한 풍경을 바라보면서 말할 수 없는 충만감을 느낄 수 있다. 이러한 충만한 느낌이 우리가 현대적인 일상 속에 부딪치고 겪어 왔던 모든 힘겨움과 고통을 다 해소해 주는 것 같다. 그럼 이 지점에서 산운마을 주위에 인문역사경관을 간단히 살펴보기로 하자.

먼저 산운마을 입구에는 산운생태공원이 현대적인 감성으로 정감 있게 자리 잡고 있다. 산운마을은 전통의 흔적으로, 생태공원은 현대의 숨결로 숨 쉬고 있다. 산운생태공원은 의성에서 전통 깊은 산운초등학교 부지 위에 자연학습장 및 친환경 공간으로 건립된 것이다. 이 공원이 조성된 데에는 아프지만 아름다운 그 옛날을 그리는 정겨운 이야기가 있다. 산운초등학교는 단순한 학교 그 이상이었다. 일제강점기인 1923년 산운마을 주민들이 직접 흙을 퍼다 나르며 손수 지은 학교이다. 산운초등학교 그곳에서 겨울이면 학생들은 선생님과 함께 금성산에 올라 땔감으로 쓸 솔방울을 주우러 다녔고, 토끼몰이 사냥을 하고 토끼를 잡은 친구는 주위 친구들에게 토끼찜으로 한턱내는, 모두 우리들의 영웅이 되는 그런 유토피아의 그곳이었다. 거기에는 바로 잃어버린 유년의 서사시가 오롯이 기록되어 있다. 그러나 이곳 산운초등학교 역시 여느 시골학교와 같은 운명을 벗어나지 못했다. 현대를 좇아 아이들이 떠나간 산운마을, 학생 수는 점점 감소하더니 급기야 1995년, 70여 년의 역사를 뒤로한 채 폐교 조치를 당했다. 학생들의 웃음소리가 끊어지자 교실 유리창은 깨지고 조회단의 국기게양대와 축구 골대는 고철로 팔려나갔다. 운동장은 돼지분뇨를 썩히는 야적장으로 전락했고 개교할 때 심었던 교문 앞 은행나무는 썩어 들어갔다. 그리고 2000년 마침내 학교가 경매에 부쳐졌다. 쇠랑골과 현재의 산운마을의 한가운데 위치한 학교가 부동산 투기꾼에게 넘어가는 것만은 막아야 한다는 동문들과 마을 사람들의 의지가 모이기 시작했다. 폐교는 시대적 흐름이라 어쩔 수 없는 수순이니 교육청 쪽에 먼저 체육공원이란 대안을 제시했고, 대책위를 꾸리고 동문들에게 모금운동을 시작했다. 조금씩 모인 돈으로 마을 주민들과 함께 운동장에 한없이 푸른 천연잔디를 깔았다. 동문들의 솔선수범과 주민들의 힘으로 고철과 돼지분뇨가 있던 운동장이 푸른빛이 넘실대는 잔디공원으로 탈바꿈하자, 지자체 쪽에서 운동기구를 지원해 주고, 급기

산운생태공원과 금성산

야 한반도 태초의 화산인 금성산과 공룡발자국의 흔적이 남아 있는 그곳에다가 환경부가 산운생태공원을 조성하였던 것이다. 동문들과 마을 사람들의 새싹 같은 조그마한 힘으로 전통과 역사를 현재화시켰던 푸른 희망이 그곳에 남아 있다.

산운초등학교 건물을 리모델링하여 만든 생태관에는 의성군의 유래와 특산품, 관광코스 및 지역행사를 알리고 있는 홍보관, 지진과 화산활동, 생명의 기원과 지구의 탄생에 관한 자료를 전시하는 전시실 세 개가 있다. 첫 번째 전시실은 인류의 진화 과정 및 동식물의 분류별 종류를 알 수 있는 전시실이고, 두 번째는 공룡 화석과 공룡의 연대기를 볼 수 있는 전시실, 세 번째는 산운마을의 역사적 유래와 지방문화재를 전시하는 마을자료관이다. 산운생태공원 넓은 마당에는 50여 종에 이르는 나무와 풀과 꽃들이 자라며, 공룡 모형, 연못, 분수, 나무다리, 솟대, 쉼터, 산책로 등이 아기자기 조성되어 있다. 바로 이 산운생태공원을 관람하고 난 뒤에, 느릿느릿 여유로운 발길로 산운마을에 다가서면 자연이 인간이 되고, 인간이 자연이 되고, 인간과 건축이 하나 되는 새로운 세계인, 현재 유교마을로 지정된 산운마을의 진면목을 경험할 수 있다.

산운마을을 지나 나무와 바위들이 조화롭게 펼쳐져 있는 계곡 길을 따라 올라가면 금성산 수정사가 나온다. 수정사로 올라가는 길에 보이는 금성산은 기품 있는 자태를 자랑한다. 수정사는 신라 신문왕 때 의상대사가 처음 수량암修量菴이란 이름으로 창건한 사찰로 전해지고 있다. 이 사찰은 금성산 계곡에 위치하고 있으며, 수정리 깊은 골짜기 사이를 맑디맑은 물이 흘러내리는 개울가에 지어져 있다. 현대인의 때가 타지 않은 고찰의 역사적 흔적과 인간적인 포근한 멋이 물씬 풍기는 한적한 사찰이다. 크고 웅장한 유명한 사찰과 다른 멋을 가져다주는 천년고찰 수정사는 금성산을 뒤로 하고 비봉산을 바라보며 오늘도 어김없이 맑은 감로수를 품고 있는 듯하다. '그대 가시는 길에 물 한 잔 하고 가시게나' 라고 바쁜 현대인에게 느림과 여유의 평온함을 가르쳐 주듯이. 수정사는 산속에 있는 고즈넉한 절이라 현대인들이 복잡한 일상에서 벗어나 쉬고 싶을 때 수정사 맑은 물 한 바가지로 목을 축이고 오면 좋은 곳이다. 그 위로 금성산이 손짓하면서 나그네의 발길을 이끈다.

산운마을이 있는 의성군 금성면 일대는 삼한시대 부족국가인 조문국의 도읍지로 알려져 왔다. 『삼국사기』에 의하면 조문국은 삼한시대 소국으로 성립되었으며, 185년(신라 伐休王 2)에 신라의 영향권으로 편입되었다는 기록이 있다. 하지만 조문국의 역사와 문화를 설명하기에는 크게 부족한 실정이다. 한편 의성 금성산 일대에는 조문국의 흔적으로 추정되는 고분군이 자리 잡고 있다. 이 고분군은 대리리, 탑리리, 학미리 일원에 소재하고 있는데, 전하는 바에 의하면 조문국 경덕왕릉을 비롯한 약 200여 기

조문국 사적지

가 분포하고 있다고 한다. 1960년부터 국립중앙박물관과 경희대와 경북대 박물관에서 발굴조사가 진행되었는데, 그 결과 횡혈식 석실군, 적석목곽분 등 무덤군이 확인되었다. 출토 유물로는 신라 토기 가운데 지역색을 강하게 나타내는 '의성양식토기'가 주류를 이루고 있으며, 금동관장식품, 금동제귀걸이 등의 화려한 장신구와 함께 철제무기류, 마구류馬具類 등이 출토되었다. 현재 이 유물들은 국립대구박물관과 경북대박물관에서 소장하고 있다고 한다. 아직 학계에서 공인된 역사적 사실이 아니라는 이유로 그냥 사라져 갔던 이들의 애틋한 이야기가 금성산 일대에 상상의 영역으로 남아 있다. 상상을 채워 넣는 것은 현재 우리의 일일 것이다.

의성군에서는 역사 속에서 잊히고 사라진 고대왕국인 조문

조문국박물관

국을 재조명하여 의성군민의 정체성과 지방문화의 주체성을 확립하고자 하는 취지에서 최근 2013년 4월 25일 금성산 고분군 옆에 180억을 들여 현대식 건물로 잘 조성된 조문국박물관을 개관했다. 조문국박물관은 1만 8,600여 제곱미터의 부지에 지상 3층, 지하 1층 규모로 지어졌으며, 상설전시실 · 기획전시실 · 어린이 고고발굴체험관 · 수장고 · 야외 전시장 등을 갖췄다. 야외전시장은 청동기시대 고인돌을 비롯해 모형 석실고분, 국보 77호인 탑리 오층석탑 실물모형 등으로 조성됐다. 하지만 전시실을 둘러보니 아직 조문국과 관련된 컨텐츠가 빈약한 현실이다. 향후 전국에 흩어져서 보관되고 있는 의성지역 유물들을 체계적으로 수

작약이 만발한 고분군

경덕왕릉

집하여 조문국박물관을 충실하게 채워 나가야 할 것이다.

조문국 고분군을 찾기엔 푸름을 뽐내는 오월이 가장 안성맞춤일 것이다. 파릇파릇 생기를 발산하는 넓디넓은 잔디에 자리잡은 고분군과 붉디붉은 작약이 만개한 작약밭이 절묘하게 조화를 이루고 있어서, 세상에 이런 경이로움이 있을까 싶은 감탄이 절로 나온다. 작약밭에 숨어도 보고, 작약을 만져도 보고 향기도 맡아도 보고, 고분군을 느릿느릿 걸으면서 과거와 대화도 나누어 보면 시간이 정지해 버린 행복을 느낄 수 있다. 고분군 중에 이름이 알려진 것은 경덕왕릉이 유일하다.

수많은 이름 없는 고분군 중에서도 지금으로부터 약 500년 전에 오극겸吳克謙의 꿈에 나타나 조문국 경덕왕릉이라 유일하게 이름을 알리고 지금까지 해마다 제사를 올리고 있는 조문국 경덕왕릉비문에는 다음과 같이 기록되어 있다.

> 문소聞韶(지금 의성의 옛 이름)의 금학산金鶴山(지금 금성산) 아래 대리大里는 조문국召文國이 옛날에 도읍한 터이다. 그 창업한 연대는 알 수 없지만 충천한 패기는 비록 백 세대가 지난 뒤일지라도 미루어 생각하면 알 수 있을 것이다. 이와 같은 패기로도 여러 나라를 통합하지 못하고 나라의 영역이 열다섯 고을에 지나지 않으니 이것 역시 작다면 작다 할 것이고 크다면 크다 할 것이다. 단기 2518년 을축乙丑에 신라 벌휴왕이 이곳을

침탈하여 마침내 신라와 합하여졌다. 마음속으로 생각해 보면 나라가 흥하여 존재하고 망하여 폐하는 것은 하늘에 달린 것이요 사람에게 달린 것이 아니므로, 비록 패기가 있다 하나 그 하늘을 어찌하리오. 오호라, 능침이 있는 곳은 대리大里 북쪽 삼백 보步쯤 되는 이곳이라고 전하여 오니, 지금으로부터 오백 년 전에 부근에 살던 사람 오극겸吳克謙이 꿈에 신인神人으로부터 시詩 한 구절을 얻고 깨어난 뒤 생각하니 꿈이 과연 예사롭지 않은지라 겨우 그 뜻을 알게 되어 관官에 알려서 제사를 지내기 시작하고 이후로 관과 사림士林이 합동으로 제사를 모셔 왔다.

현재 경덕왕릉이 있는 고분군은 500여 년 전 그 옛날 오극겸의 참외밭이었다. 그 주위에는 무덤이 첩첩이 쌓여 숫자가 얼마인지 알 수 없었다. 그중 한 개의 무덤이 가장 컸다. 마을 사람들이 남몰래 몇 번이나 그 큰 무덤의 속을 파헤쳐 보려 하였지만, 오극겸은 무덤을 파헤치려는 마을 사람들의 모습을 보고 자신도 모르는 어떤 신비한 힘에 이끌려 마을 사람들을 물리치고 다시 수축하는 일이 반복되었다고 한다. 참외밭을 지키던 어느 날 밤 오극겸의 꿈에 금관을 쓰고 조복을 한 백발의 노인이 나타나서 "내가 신라시대 조문국의 경덕왕인데, 너의 참외밭이 나의 능이니 속히 철수하여라"라고 이르고는 시 한 수를 자신에게 써 주고는 사라졌다. 이에 오극겸이 놀라 깨어 일어나니 꿈속에 노인이 써 주었던 시 한 수가 그대로 자기 등에 씌어 있는 것을 발견하였다. 또한 아무리 물로 씻어도 지워지지 않는 것이었다. 그 시는 다음과 같다.

조문국 지난날 누구와 의논하랴
천 년이 지난 오늘 경덕왕릉만 남았구나.
비봉곡조 없어지니 사람도 볼 수 없고
조문의 거문고 가 버린 지금 그 소리 묘연하네.
召文王事與誰論　千載猶存景德墳
飛鳳曲終人不見　召文琴去香難聞

오극겸은 바로 현령께 이 사실을 고하였다. 그제야 그의 등에 새겨졌던 한시는 없어졌다고 한다. 현령은 지방의 유지들과 의논하여 봉분을 제대로 만들고 하마비下馬碑를 세웠으며, 매년 춘계향사를 올렸다고 전해진다. 이처럼 지금도 해마다 봄철이 되면 관민 일동이 주관하는 제례행사가 계속되고 있다는 사실을 경덕왕릉 비문에 기록하고 있는 것이다. 이광준의 산운마을 입향을 도운 스님의 계시와 조문왕릉의 꿈 계시가 현대적 현실에서 신빙성이 없는 것이라 간주할지라도, 이는 인간과 우주, 인간과 자연, 현실과 환상이 소통하는 현대성 밖의 또 다른 일일 것이리

금성산 고분군

금성산 고분군 앞 무사

라. 보고 증명되는 것만이 역사라고 말할 수 없다. 그 옛날 한반도의 우리의 선조가 어떻게 살아왔고 어떻게 생각했으며, 무엇을 먹고 생활했을까를 상상하는 현재의 우리의 일상이 소중할 것이다. 역사적 문헌으로는 검증할 수 없지만, 나라를 일구던 조문국의 창업 모습을 미루어 생각할 수 있는 것이 금성산 고분군을 한가롭게 돌아다니면서 느낀 단상이다.

문익점 면작 기념비

금성산 고분군 근처에 또 '삼우당 문익점 선생 면작 기념비'가 세워져 있다. 이는 문익점이 원나라의 금주성錦州城에서 면화종자를 붓 뚜껑에 넣어 목화씨를 가져와 그의 장인 정천익鄭天益으로 하여금 경남 산청山淸에 시험 재배한 것이 우리나라 면작의 시초가 되었고, 그 후 조선 태종 때 그의 손자 문승로文承魯가 의성현령으로 부임한 뒤 금성면 일대가 금주성과 흡사하다 하여 면화를 파종한 것이 오늘에 전하게 된 것을 기념하여 세운 것이다. 면작 기념비 바로 옆 두 소나무에 박목월의 「윤사월閏四月」 시詩가 목판에 새겨져 걸려 있었다. 문익점의 면작과 박목월의 윤사월이 무슨 관계가 있어 걸어 두었는지 알 수 없다.

송화松花가루 날리는
외딴 봉우리

윤사월 해 길다
꾀꼬리 울면

산지기 외딴집
눈먼 처녀사

문설주에 귀 대이고
엿듣고 있다

해가 길어진 윤사월의 산속 풍경을 처녀까지도 볼 수 없도록 할 만큼 박목월 시인은 이 공간을 모든 것으로부터 꽉 막아 놓고 있다. 그래서 만들어진 것은 절대 고요와 적정의 공간이라 할 수 있다. 그러나 처녀는 고분군에 핀 작약의 꽃말이 부끄러움임을 이미 알고 있는 듯하게 수줍고 부끄러운 마음으로 엿듣고 있는 것을. 그것은 꾀꼬리 울음소리일 수도 있지만, 외롭고 쓸쓸한 내면의 소리일 것이다. 이처럼 의성군 금성면에는 역사 속에 흔적이 없다는 이유로 사라져 간 외롭고 쓸쓸한 내면의 나지막한 목소리가 울려 퍼지고 있다. 마치 외딴집 눈먼 처녀가 엿듣고 있는 것같이.

고분군과 좀 떨어진 곳에 또 다른 '삼우당 문익점 면작 기념비' 가 있다. 이 비는 금성면 제오리에 있는 천연기념물 제373호로 지정된 공룡발자국화석이 있는 곳과 바로 옆에 붙어 있다. 의성군 금성면 제오리 공룡발자국화석 산지는 금성면 소재지에서 북동 방향으로 약 4킬로미터 떨어진 930번 지방도로변에 있다. 공룡발자국화석은 도로확장공사 중 산사면이 절개되었고 홍수로 산사태가 나자 절개면에 새로운 지층면이 드러나 공룡발자국이 노출되면서 발견되었다. 이곳은 국내에서 최초로 지정된 공룡 관련 천연기념물이다. 제오리 공룡발자국화석은 중생대 전기 백악기인 약 1억 1,500만 년 전에 만들어진 것으로 추정한다. 이곳에서 발견된 공룡발자국화석은 네 종류의 공룡발자국 316개가 확인되었는데, 발굽울트라룡(Ultrasauripus ungulatus), 발톱고성룡(Koseongosauripus onychion), 발목코끼리룡(Elephantosauripus metacarpus) 등 세 종류의 초식공룡 발자국과 육식공룡인 한국큼룡(Megalosauripus Koreanensis)의 발자국이 발견되었다. 이곳에서는

제오리 공룡발자국

대 · 중 · 소형의 초식공룡과 육식공룡의 발자국이 동시에 발견되어 공룡의 서식지였음을 짐작게 한다. 제오리의 공룡발자국화석은 발의 크기, 보폭, 걷는 방향 등을 알 수 있어 당시 공룡의 모습과 생활 등을 연구하는 데 귀중한 자료로서 학술적 가치가 높다. 의성 금성면 일대가 공룡이 자연과 함께 뛰놀았던 공룡의 서식지였음을 짐작하게 한다. 제오리 공룡발자국화석에서 바라보이는 금성산은 또 다른 모습으로 다가온다. 이곳에서 공룡들이 뛰놀았던 것을 상상하면서. 이처럼 의성 금성면은 인간이 살기 이전 태초의 세계로 떠나는 여행이자, 애달픈 세월의 흔적을 상상하는 아름다운 곳이다.

금성면 소재지로 가면 시간이 멈추어 버린 탑리의 일상풍경과 숨바꼭질하듯이 숨겨져 있어 초행자들이 찾기 힘든 국보 제77호인 탑리 오층석탑을 만날 수 있다. 이 마을에 오래된 탑이 있어서 탑리라고 이름 붙여진 이곳은 세월의 흔적이 겹겹이 쌓여 있는 일상풍경이 정겹게 다가온다. 현대성 속에 잃어버린 인간의 따사함을 느낄 수 있는 시골의 훈훈함이 있다. 탑리는 잃어버린 60~70년대를 다시 찾아 주는 시간이 고요히 머무는 곳이다. 만남과 이별의 아픈 상처가 있는 간이 버스정류장과 사람들이 함께 만나서 이런저런 이야기를 나누는 다방들이 있고, 삐뚤삐뚤한 글씨의 간판들을 내다 걸은 참기름집, 목공소, 사진관, 미용실 등이 정겹게 펼쳐지고 있다. 금성면의 중심 마을인 탑리는 마치 잘 만들어진 드라마 세트장을 연상시킬 정도로 과거의 시간 속으로 우리를 인도한다. 특히 1일과 6일에 서는 탑리 장날에는 더욱더 그렇다. 장날이 들어서면 시골 장날의 백미인 뻥튀기가 펑펑 폭죽을 튀겨내면서 탑리 장터의 흥겨움을 더하고 있고, 연탄불 석쇠구이의 굽는 연기가 시끌벅적한 장날에 위로 위로 퍼져 오른다. 한쪽에는 우리나라 최초의 화산인 금성산에서 뿜어져 나온 화산재를 양분 삼아 자라는 의성 육쪽마늘을 파는 할머니가 있고, 감기만 하면 머리가 까매진다면서 염색약을 파는 아낙네도 있고, 직접 만든 묵을 들고 와 파는 시골 아낙네도 있다. 또 그 주위에

탑리버스정류장
탑리택시
대구
버스요금표
대성라사
왕궁다방
왕궁 다방
송도 사진관
834-0212
맛나떡참기름
8340545
영양 통닭
32-8155

탑리 풍경

삼삼오오 모여서 애달픈 옛날의 추억을 재미있게 이야기하는 어르신네들도 있다. 이러한 정겨움과 한적함으로 다가오는 탑리는 현대에 찌든 나그네에게 안식을 주는 듯하다. 속도와 효율의 경쟁에 찌든 우리 현대인에게 상실한 고향과 같은 향기, 다시 말해 한마디로 사람냄새가 나는 곳이기 때문이다.

탑리 오층석탑을 찾기 위해서는 부산을 좀 떨어야 한다. 이정표가 전혀 없기 때문에 시골 어르신네들의 소매를 붙잡고 물어

봐야 찾을 수 있다. 탑리마을의 장터 위쪽, 마을 중앙에 몰래 감추어진 통일신라시대의 문화재인 탑리 오층석탑은 화강암으로 만들어졌으면서도 벽돌탑인 전탑의 수법을 모방하고, 또 목조 건축의 수법을 동시에 띠고 있어서 우리나라 석탑 양식의 변화를 살피는 데 아주 중요한 문화재이다. 이러한 독특한 특징으로 인해 7세기 초의 분황사석탑(국보 제30호)과 함께 통일신라 전기의 석탑 양식을 연구하는 데 귀중한 자료가 되고 있다. 이 탑을 보면 문외한이 한눈으로 보아도 참 잘 생겼다고 감탄을 금치 못할 정도이다. 절집 마당이 아니라 마을의 외진 들판에 귀연독존歸然獨存하게 홀로 외로이 서 있는 탑이어서 더욱 인간적이다. 이 탑 근처에 청학사青鶴寺가 있었다고 하나 지금은 흔적조차 알 길이 없어, 사라진 것에 대한 아름다움을 상상할 수 있어서 더욱 좋다. 탑 주위에는 멋을 잔뜩 부린 소나무들이 호위무사처럼 당당한 자태를 뽐내면서 떡 버티어 있다. 마을의 수호신으로 기품 있게 서 있는 이 탑은 낮은 1층 기단基壇 위에 5층의 탑신塔身을 세운 모습을 하고 있고, 1층 몸돌에 부처님을 모시는 감실이 있다. 석탑의 뒷부분에는 이름들이 음각되어 있는데, 일제강점기 때 이 석탑을 보존하는 단체인 석탑보존회 명의에 등재된 인사들의 이름을 새겨 놓은 것 같다. 참으로 안타깝다. 그런데 자세히 들여다보니 이름들을 무엇인가로 갈아서 지워 놓았다. 아마도 해방 후 그것이 친일행적으로 몰릴까 봐 지운 것이 아닐까라는 상상을 잠깐 해

탑리 오층석탑

본다. 천년이 넘는 오랜 세월을 거쳐 온 탑리 오층석탑은 황톳빛 시간의 색이 곱게 내려 앉아 있다. 수많은 풍상을 겪었지만 기품 당당하게 서 있는 이 탑은 천년이 넘는 동안 금성산 주위의 사람들의 수많은 노래와 이야기를 간직하고 있는 듯하다.

그 밖에 산운마을 주위에 잠시 둘러볼만한 곳으로는 산운마을 입향조 학동 이광준을 배향하고 있는 빙계서원과 빙계계곡(속칭 얼음골)이 있다. 춘산면 빙계리에 있는 빙계계곡은 산운마을에서 동쪽으로 난 68번 지방도로를 따라 차로 약 10여 분 남짓한 거리에 위치하고 있다. 빙계계곡으로 들어가는 초입에 빙계서원이 있는데, 1556년(명종 11) 처음 창건 시에는 장천(현 남대천 상류)에 위치한 장천서원이었으나 1600년(선조 33)에 이광준이 경치 좋은 춘산면 빙계리로 옮겨 빙계서원이라 개칭하였다. 빙계계곡 주위로는 신비로움과 뛰어난 경치가 펼쳐져 있다. 빙계계곡은 경북이 자랑하는 8대 절경 중 한 곳이며, 천연기념물 527호로 지정되어 있다. 중생대 백악기에 격렬한 화산활동으로 생긴 깎아지른 절벽의 산세와 기암괴석의 바위 및 사시사철 맑고 푸른 계곡물 때문에 여름이면 수많은 피서객들을 불러 모으는, 자연풍광이 수려한 계곡이다. 특히 달빛에 비친 물결이 은백색으로 번뜩일 때이면, 고운 최치원과 점필재 김종직, 뇌계 유호인, 여헌 장헌광 등 수많은 시인묵객詩人墨客과 피서객들의 발걸음이 끊이지 않았던 곳이다. 삼복더위가 맹위를 떨쳐도 에어컨보다 시원한 바람은 물론 심지어 얼음까지 얼고, 그 반면에 엄동설한에는 더욱 김이 무럭무럭 솟아나는 곳이다. 따라서 차가운 바람이 부는 계곡이라 하여 계곡 이름이 빙계氷溪(얼음골)요, 빙계를 둘러싼 산 이름은 빙산이요, 계곡의 동네를 빙계리라 부르며, 계곡에 위치한 절터를 빙산사라고 부르는 것이다. 얼음구멍(氷穴), 바람구멍(風穴), 어진바위(仁岩), 의각義閣, 수대水碓(물레방아), 석탑, 불정佛頂, 용추龍湫를 빙계팔경이라 한다. 계곡 입구에서 계곡 길을 따라 약간만 천천히 올라가면, 멋진 바위들의 파노라마로 눈맛이 시원해지면서 왼쪽 산 중턱에 있는 빙혈과 풍혈을 만날 수 있다.

빙혈

제1경인 빙혈은 빙산 기슭 바위에 뚫린 굴이지만 현재에는 입구에 작은 건물 시설을 해 놓았다. 봄이 오면 찬 기운이 나고 한여름엔 얼음이 얼어 있어 온몸에서 오싹하게 한기가 돋는다. 숨을 내쉴 때마다 하얀 입김이 나온다. 가을이 지나면 차차 녹아 겨울에는 볼 수 없다. 다만 훈훈한 바람이 나온다. 자연이 선물한 신비 그 자체다. "이곳을 찾은 선남선녀들이여, 여기 만고의 신비를 간직한 세계 제일의 빙혈이 있노라"라고 시작되는 구절이 벽을 가득 채우고 있으며, 조선 후기의 관료이자 성리학자인 미수眉叟 허목許穆의 「빙산기氷山記」도 걸려 있다. 「빙산기」에는 다음과 같이 적혀 있다.

빙산氷山은 문소聞韶(의성의 옛날 이름) 남쪽 47리 떨어진 지점에 있다. 그 산에 쌓인 돌은 울퉁불퉁하고 구멍이 많아서, 마치 낙숫물 그릇과도 같고 사립문과도 같고 규호圭戶(笏 모양으로 된 방문)와도 같고 부엌과도 같고 방과도 같은 것이 이루 헤아릴 수가 없다.

이 산은 입춘立春 때 찬 기운이 처음 생겨 입하立夏에 얼음이 얼고, 하지夏至의 막바지에 이르면 얼음이 더욱 단단하고 찬 기운이 더욱 매섭다. 그래서 아무리 성덕盛德이 화火에 있어(사철 중에 火가 가장 왕성한 절후, 곧 여름을 말한다) 찌는 듯한 무더위가 왕성한 대서大暑라도 공기가 차고 땅이 얼어서 초목이 나지 못한다. 입추立秋에 얼음이 녹기 시작하여 입동立冬에 찬 기운이 다하고 동지冬至의 막바지에 이르면 구멍이 모두 비게 된다. 얼음이 없을 시기에 얼음을 보기 때문에 기이함을 적어서 산을 빙산氷山, 시내를 빙계氷溪라 한 것이다.

일찍이 듣건대, 천지의 기운이 봄과 여름에는 따뜻한 기운을 내어 발육하기 때문에 응결된 음기陰氣가 안에 있고, 가을과 겨울에는 거두어 간직하기 때문에 온후溫厚한 것이 안에 있다고 한다. 이는 바위 구멍이 땅바닥까지 뚫려서 땅속에 잠복한 음기가 이를 통하여 스며 나오는 것이리라.

그러므로 입춘에 춥기 시작하여 입하에 얼음이 얼고 하지에 얼음이 굳으며, 입추에 얼음이 녹기 시작하여 입동에 얼음이 다 녹고 동지에 구멍이 비는 것이니, 이는 곧 일음一陰과 일양一陽의 소장消長과 왕래往來하는 기운을 징험할 수 있는 것이다.

그러나 개론적으로 말하자면 지기地氣의 충만함이 동남지역은 부족하기 때문에 그 뜨고 성기어서 새 나오는 것이 이와 같다. 그 서쪽으로 백 수십 리쯤 떨어진 주흘산主屹山 아래에 조석천潮汐泉이 있는데, 바다와의 거리가 400여 리나 되는데도 그 찼다 줄었다 하는 것이 바다의 조수와 같다 한다.

氷山, 在聞韶南四十七里. 山積石磊磈, 多竅穴, 若霤若扉若圭戶若竈若房, 殆不可數記. 立春寒氣始生, 立夏氷始凝, 至夏至之極, 氷益壯, 寒氣益冽. 雖大暑盛德在火, 爞燠方盛, 寒冽地凍, 草木不生. 立秋氷始消, 立冬寒氣盡, 至冬至之極, 竅穴皆虛. 以見氷於無氷之節, 志異, 故山謂之氷山. 溪謂之氷溪. 嘗聞天地之氣, 春夏則呴噓發育, 沍陰在內, 秋冬則闔歙閉藏, 溫厚在內. 此蓋巖竇竅穴, 疏通無底, 地中伏陰之氣, 於是焉泄矣. 故立春而始寒, 立夏而始氷, 夏至而氷壯, 立秋而氷消, 立冬而氷盡, 冬至而竅穴虛, 則一陰一陽, 消長往來之氣, 驗矣. 然槩論地氣之磅礴, 東南爲不足, 故其浮疏泄漏者如此. 其西百數十里主屹下, 有潮汐泉, 去海上四百餘里, 其盈涸, 與海爲消息云.

제2경은 풍혈이다. 빙혈을 나와 옆으로 난 계단을 올라가면 풍혈이 있다. 바위와 바위 사이에 한 사람이 들어가 간신히 앉아 있을 정도로 뚫린 좁고 깊은 바위굴로서, 여름엔 찬바람이 나오고 겨울철은 훈훈한 더운 바람이 나오는 곳이다. 주위의 크고 작은 바위 사이에선 거의 같은 현상을 체험할 수 있다. 이 빙혈과 풍혈에는 원효대사와 요석공주의 사랑이야기가 전해져 내려오고 있다. 1942년 『매일신보』에 연재된 춘원 이광수의 장편소설 『원효대사』에 다음과 같은 구절이 있다.

신라 무열왕의 둘째 따님인 요석공주가 젖먹이 아들 설총을 데리고 지아비 원효대사를 찾아 이곳 빙산원氷山院(빙계계곡의 옛 이름)에 이르렀을 때는 유월 염천 유두流頭가 막 지난 무더운 여름날이었다. 공주 일행이 서라벌을 떠나 보현산을 거쳐 조문국(지금 의성군 금성면) 경내에 다다르자, 궁궐 터와 임금이 쓰시던 우물인 어정御井이 있었다. 동네 어귀에서 원효대사의 거처를 물었더니 빙산사 빙혈 속에 기도하는 이상한 스님이 있다고 일러 주었다.

"빙혈을 지나면 찬바람이 씽씽 불어나오는 풍혈風穴이 있는데 얼마나 깊은지는 아는 사람이 없소. 그 끝이 저승까지 닿았다고도 하지요."

공주는 좁은 굴속을 더듬더듬 기어 들어갔다. 이리 꼬불 저리 꼬불 굽이를 지나 얼마나 들어갔는지 모른다. 점점 추워졌다. 공주는 전신이 꽁꽁 어는 듯하였다. 발이 미끄러지는 곳은 얼음판뿐이었다. 얼마나 들어갔을까? 굴이 넓어졌다. 허리를 펴고 팔을 둘려도 거칠 것이 없다. 공주는 크게 소리쳐 불러 보았다. "여바아(여보)!" 굴속이 웅하고 울었다. 울리는 소리가 마치 큰 쇠북 마지막 소리 모양으로 길게 꼬리를 끌다가 스러졌다.

일제강점기 시절 신라의 언어를 찾아 한민족의 혼을 나름대로 지키고자 했다는 점에서 의의가 있는 이광수의 소설 『원효대사』 속 이야기처럼, 빙계계곡은 아득한 먼 옛날에는 거대한 동굴이었음을 알 수 있다. 이 지역의 화산활동과 지각활동 등으로 거대한 동굴이 무너지면서 풍혈, 빙혈이 현재처럼 좁아졌다고 추정할 수 있다. 지하는 어떤 형상을 하고 있을는지 신비하기만 하다.

제3경은 인암이다. 빙계서원 터 앞에 위치한 넓이 1.2미터, 높이 2.4미터가 넘는 큰 바위다. 전면에는 햇빛으로 인해 정오가 되면 어질 인仁자 모양의 그늘이 나타나 세상인심을 선도하는 듯한 느낌이 든다. 그래서 인암이라 이름 붙였다.

제4경은 의각으로서, 임진왜란 때 윤은보尹殷甫가 모재 김안국, 회재晦齋 이언적 두 분의 위패를 청송 주왕산周王山으로 모셔 들어가 7년 동안 잘 피란시켰다가 전쟁이 끝난 후에 서원에 안주케 했다. 그 공으로 의사라 일컬음을 받고 갸륵한 의리를 기려 비

빙산사지 오층석탑

와 이 전각을 세워 의사각義士閣이라고 부른다.

제5경은 수대(물레방아)이다. 계곡물을 이용해 매일 많은 곡식을 찧던 규모 큰 물레방아가 있었다가 오래전 자취를 감춰 버렸고 그 빈터 가까이 대한불교법화종 소속 빙계정사氷溪精舍가 세워져 신도들의 발길이 잦다.

제6경은 빙산사지 석탑石塔이다. 빙혈로 가는 길섶의 빙산사氷山寺 구지舊址에 통일신라 말 내지 고려 초에 만들어진 5층 모전模塼 돌탑으로, 보물 327호로 지정돼 있다. 신라 말기에 있었다는 빙산사는 온데간데없고, 절터임을 증명하듯 8미터 높이의 큼직한 오층탑이 우뚝 서 있어 세월의 무게를 견디고 있다. 멀리에서 보면 대번에 탑리의 오층석탑을 닮았음을 알 수 있다. 위풍당당한 장중함이나 전체적인 균형미나 조화미에서는 탑리 오층석탑보다 좀 격이 떨어지지만 이 탑도 모전석탑으로서는 아름답고 뛰어난 작품이다.

제7경은 불정이다. 불정봉佛頂峰 꼭대기에 움푹 파인 곳으로, 그 옛날 부처가 용과 싸우면서 찍은 쇠스랑 자국이란 전설이 전한다.

제8경은 용추(용소)이다. 개울의 깎아지른 듯한 절벽 밑 시냇물이 굽이치는 곳에 깊은 웅덩이가 있었다는데, 현재는 거의 메워졌다. 부처와 싸운 용의 머리가 부딪쳐 파인 곳이라 한다.

이처럼 빙계계곡 주위는 결국 금성산 일대의 화산활동으로 인한 신기한 자연현상이 현대적으로 신비하고 새롭게 넘쳐나는 곳이다. 최근 경상북도에서는 삶의 질 향상을 도모하기 위해 산림휴양과 관광, 역사, 생태자원과 연계하여 빙계계곡 인근에 현대인의 산림치유숲길을 조성한다고 한다. 빙계계곡은 친구들과 아무런 이해관계 없이 찾아서 산수를 감상하면서 술 한 잔 나눌 수 있는 정겨운 곳이다. 그래서 자암 이민환은 「빙계에서 시를 주고 받음」[5]이란 첫 번째 시에서, 빙계에서 그의 친구 오봉梧峯 신지제申之悌와 자신의 형인 경정敬亭 이민성李民宬과 시를 서로 주고받으며 다음과 같이 읊고 있다.

자욱한 구름 밤새 내리는 비 갑자기 개는데,
값지고 귀중한 술 한 병을 멀리서 보내왔도다.

잠시 갈림길에 다다라 오마를 재촉하지 말게나,
종일토록 깊은 술잔 기울이는 것도 싫지가 않네.
屯雲宿雨忽晴開　珍重提壺遠送來
且莫臨岐催五馬　不妨終日倒深杯

자신의 감정을 자연 그대로 솔직하게 표출하고 있는 아주 쉬운 시이다. 자욱한 구름과 며칠 동안 지루하게 내리는 비는 시인 이민환의 현실의 고통과 내면의 우울함을 반영해 주고 있다. 그런데 갑자기 하늘이 밝게 개고 벗이 멀리서 좋은 술을 가져왔다. 우울함의 현실을 벗어던지고 자유롭게 비상할 수 있는 절호의 기회이다. 이때 벼슬길로 나가는 친구에게 길을 재촉하지 말라고 한다. 현실을 벗어던지라는 말이다. 여기에서 오마五馬는 태수의 말로서, 신분이 높음을 상징한다. 이민환은 친구와 함께 하루 종일 술잔을 주고받고 싶은 심정을 자연스럽게 드러내고 있다. 이처럼 빙계는 현실 속에서 상처받은 영혼을 치유할 수 있는 휴식과 반성의 공간이 된다.

이상으로 산운마을에서 10여 분 이내의 거리에 위치하고 있는 인문역사경관을 살펴보았다. 산운마을 주위는 1억 년이 넘는 한반도의 역사를 간직한 문명의 땅, 한반도에서 가장 오래된 화산이 존재하는 땅, 그곳에서 공룡과 자연이 함께 뛰놀던 땅, 이름 모를 왕조의 흔적이 아련하게 남겨져 있는 땅, 생태계가 살아 있는 교과서와 같은 땅, 물과 산이 함께 어울린 풍요의 땅, 고요한 듯하면서도 흠씬 정겨움이 넘쳐나는 땅, 자연의 풍요로움 속에 인간다움을 잃지 않는 땅, 바로 한반도 인류의 요람의 땅 그 자체였다.

21세기 삶 속에 실천할 수 있는 진정한 혁명이란 무엇인가? 한마디로 어떤 신기한 새로움을 만들어 내는 것이 아니라 현대성 속에 잃어버린 원시적인 인간의 본성과 참됨을 되살려 내는 실로 소박한 것이리라. 이러한 것들을 찾아가는 과정 속에 아름다움이 진정 제자리로 돌아갈 것이다. 아름다움이 모두 제자리로 돌아가는 산운마을이란 땅에서 태어난 이민환을 찾아 나서 보기로 하자. 이민환의 고민과 사색의 치열한 삶과 글을 쫓아가는 과정이야말로 명망가 중심으로 기술되고 있는 영남지역의 인물사에 대한 반성이 될 것이고, 잊히고 사라져간 인물을 다시 발굴하여 가치평가를 할 수 있는 토대가 될 것이다. 이민환 그는 누구인가?

주

1) 『論語』, 「里仁」.

2) 호패는 지금의 주민등록증과 같은 것으로 성명, 생년월일, 직업 등을 새긴 것이고, 관교는 교지를 말하는 것으로 4품 이상의 벼슬을 임명할 때 주는 사령장과 같은 것이며, 고신은 당나라 때의 사령장에서 유래한 것으로 한

마디로 직책을 가리키는 것인데 5품 이하의 관원과 당하관의 처에게 내리는 사령이라고 할 수 있다.

3) 경북 의성군 춘산면 빙계리(속칭 얼음골입구)에 위치한 빙계서원은 1556년(명종 11)에 지방 유림의 공으로 悔堂 申元祿이 창건하여 慕齋 金安國을 봉향하였다. 창건 시에는 의성읍 장천(현 남대천 상류)에 위치하여 1576년(선조 9) 장천서원으로 사액을 받았다. 1600년(선조 33) 鶴洞 李光俊이 춘산면 빙계리로 이전 후 晦齋 李彦迪, 西厓 柳成龍, 鶴峯 金誠一, 旅軒 張顯光의 위패를 모셨다가, 1868년(고종 5) 흥선대원군의 서원철폐령으로 없어진 후 빈터만 남아 있다가, 2002년 유교문화권 관광개발사업의 일환으로 착공한 복원공사가 마무리되어 서원으로서의 모습을 띠게 되었다. 그 후 학동 이광준을 추가 배향함으로써 도합 6현을 봉향하고 있다.

4) 청요직은 학식과 덕망이 높은 사람이 맡는 淸職과 要職을 뜻한다. 청직은 궁중의 經書・史籍의 관리, 文翰의 처리, 국왕 자문을 관장하는 弘文館이나 禮儀・祭享・朝會・交聘・學校・科擧를 관장하는 禮曹처럼 淸淨한 官職이고, 요직은 문관의 選任・功勳・封爵을 관장하는 吏曹, 武選・軍務・儀衛・郵驛・兵甲・器仗・門戶를 관장하는 兵曹, 관료를 감찰・탄핵하는 臺官과 국왕을 諫諍・封駁하는 諫官의 臺諫처럼 實權을 가진 官職이다.

5) 『紫巖集』, 권1, 「氷溪酬唱」.

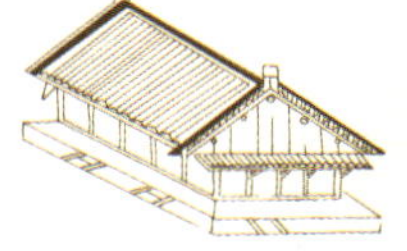

## 제2장 자암 이민환, 그는 누구인가?: 그의 전기적 생애와 저술들

# 1. 너무나 인간적인, 의리에 강한 올곧은 성품의 소유자

이민환李民寏(1573~1649)은 산운마을 입향조인 이광준의 셋째 아들로서, 자字는 이장而壯, 호號는 자암紫巖이고, 1573년(선조 6) 의성 산운마을 소시랑리, 즉 쇠랑골의 본가에서 태어났다. 후에 철종 때에 '임금을 모심에 충절를 다한다'(事君盡節)는 의미에서 '충忠' 자와 '정직하여 삿됨이 없다'(正直無邪)는 의미에서 '간簡' 자를 따서 충간忠簡이라는 시호諡號가 내려졌다. 이광준과 산운마을에서 낳은 그의 둘째 아들 경정敬亭 이민성李民宬과 셋째 아들 자암 이민환은 뛰어난 자질과 학문, 그리고 실천적 행동으로 명청교체기인 국제적인 위기 상황 아래에 사림출신으로서 중앙정계에 진출한 지식인들이다. 그들은 절의와 학문, 정직과 신념으로 국태

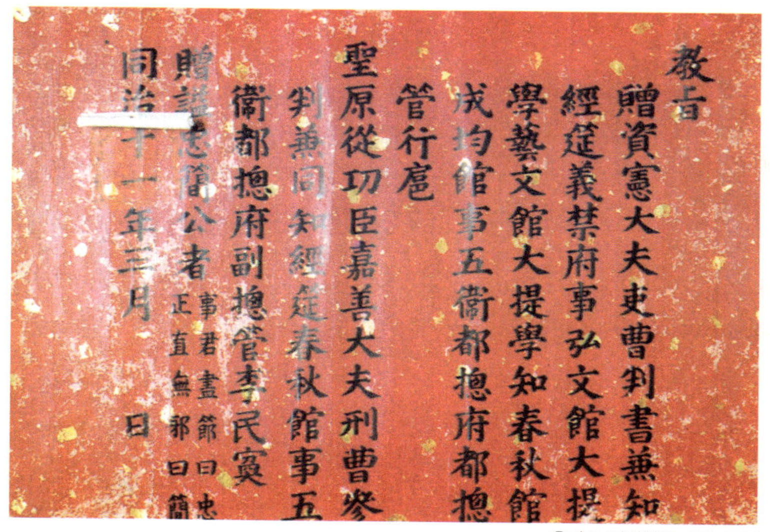

教旨
贈資憲大夫吏曹判書兼知
經筵義禁府事弘文館大提
學藝文館大提學知春秋館
成均館事五衛都摠府都摠
管行扈
聖原從功臣嘉善大夫刑曹參
判兼同知經筵春秋館事五
衛都摠府副摠管李民寏
贈謚忠簡公者 事君盡節曰忠 正直無邪曰簡
同治十一年三月 日

충간공 이민환의 시호 교지

민안에 힘썼으며, 국가와 백성을 생각한 진충보국한 인물이었다. 또한 이들은 의성지방에 문풍을 진작한 주역들이었다. 따라서 후일 성호 이익(1681~1763)은 그들 삼부자를 두고 독보니 삼절이니 해서 모든 사람들이 칭찬을 아끼지 않았다고 기록하고 있다.

이민환은 여덟 살 때부터 본격적으로 배움길에 올랐는데, 행동거지가 반듯하여 비범한 자질을 갖추었다는 것을 한눈에 알 수 있었으며, 책 보는 것을 좋아하여 10세에 춘추시대의 역사를 공자가 윤리적 입장에서 수정을 가한 역사책인 『춘추春秋』에 통달

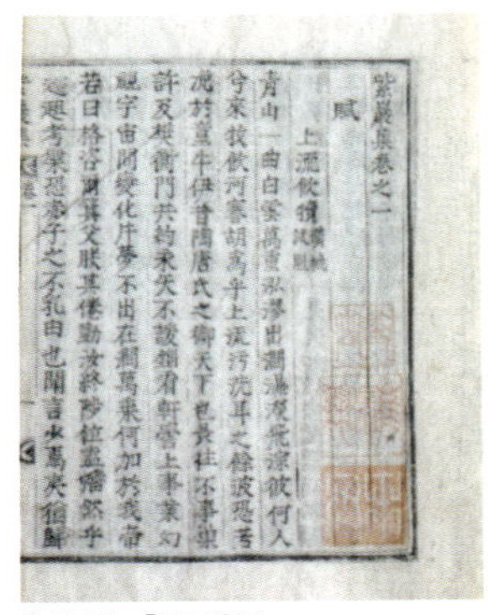
紫巖集卷之一

賦

上流飮犢

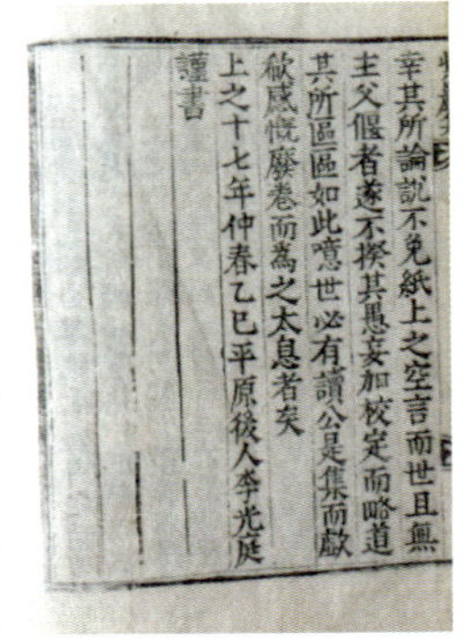
幸其所論說不免紙上之空言而世且無
主父偃者遂不揆其愚妄加校定而略道
其所區區如此噫世必有讀公是集而歔
欷感慨廢卷而爲之太息者矣
上之十七年仲春乙巳平原後人李光庭
謹書

『자암집』「상류음독」

할 만큼 학문에 빠른 진도를 보여 주위 사람들을 놀라게 하였다. 16세에 한성감시 초시에 장원급제하였다. 이때 장원한 소감을 젊은 혈기에 「상류음독上流飮犢」이란 부賦를 지어 표현하였다.

「상류음독」의 내용은 요堯임금의 치하에서의 허유許由, 소보巢父, 번자樊子 세 사람의 청렴한 기품을 허유許由의 세이洗耳와 번자樊子의 상류음독上流飮犢의 고사에 부쳐서 써낸 것이다. 이해에 아버지 이광준과 친분이 두터웠던 학봉鶴峯 김성일金誠一 문하에서 형 이민성과 함께 수학하였다. 이때 시대현실과 유리된 학문, 즉 그 당시의 성리학자들의 관념적, 사변적 학풍에 비판의식을 가지면서 현실과 밀착하는 공부의 중요성을 깨달았다. 그 당시 청년 이민환에게 공부의 의미는 무엇이었던가? 시대현실과 유리된 학문이 대체 무슨 효용이 있단 말인가? 이런 고민에서 그는 공부란 결국 당대의 현실을 바꾸는 긍정적인 영향을 줄 수 있어야만 의미가 있다는 것을 깨달았다. 왜냐하면 인간들은 허망한 꿈속에서 인생을 살아가는 것이 아니라, 실현가능한 꿈에 대한 의지를 가지면서 현실에 몸을 담고 불합리한 현실을 극복하기 위해 치열하게 삶을 살아가기 때문이다.

20세 때 임진왜란이 일어나서 위기의 시대현실을 극복하는 방법을 행동으로 실천하였다. 앞서 언급한 대로 아버지 이광준이 강릉부사로 있을 때 왜란이 일어나자 그는 아버지와 형 이민성과 더불어 지략을 써서 왜적을 물리치는 데 큰 공을 세웠다. 당시 강릉에 전쟁의 피해를 입은 백성이 전무했다고 전해진다.

이 당시 그의 형 이민성은 전쟁터의 차갑고 쓸쓸한 풍경과 싸움에 임할 수밖에 없는 내면적 자세를 「배등북성陪登北城」이란 시에서 "외로운 신하의 하얀 머리 차가운 깃발을 비추는데, 한바탕 가을바람 불어와 바닷가 성에 올랐네. 갑옷에 서리 스치고 은빛 물결 일렁이고, 번개 쳐서 금갑을 열자 칼날이 번뜩이네. 한밤중 장군의 막사에는 차가운 달빛이 서려 있고, 장사의 진영에는 부엌 연기 잠겨 있네. 변방에서 나와 한 번 소리 지르니 누가 울지 않겠는가? 쓸쓸한 정마征馬까지도 구슬피 우네"(孤臣白髮照寒旌, 一上秋風海上城. 霜拂鐵衣銀浪動, 電開金匣玉龍驚. 三更月冷將軍幕, 萬竈煙沈壯士營. 出塞一聲誰不泣, 蕭蕭征馬亦悲鳴)라고 읊고 있다. 전쟁에 휘말린 조선의 현실 분위기를 내면적으로 잘 전달해 주고 있다.

조선시대 명망가 사대부 가문들은 대부분 고려 후기에 태동하여 조선조에 들어와 주자학을 본격적으로 수용하여 형성되었다고 알려져 있다. 고려시대 때 사대부 형성 맹아기의 존재 유형을 살펴보면 무반가문, 향리집안, 고려창업 개국공신, 신라왕족 및 중국의 귀화성 등 크게 네 갈래의 유형에서 나왔다고 학계는 정립하고 있다. 이민환 집안은 바로 무반가문으로서 조선시대 사대부로 이어져 나간 것으로 생각된다. 따라서 이민환은 가문의 전통적 핏줄을 받아 행동으로써 실천하는 무사적 기질을 가졌다고 할 수 있다. 이러한 의미에서 그는 현실과 유리된 관념적 허구 속에서 허망된 학문을 위한 학문을 하지 않고, 현실이라는 세상 속에서 불합리한 현실을 타파하는 실천적인 학문과 행동으로써 자신의 존재증명을 하였던 것이다.

27세 때인 1599년(선조 32)에 그는 안동 하회에 낙향해 있던 류성룡을 찾아가 우복 정경세, 수암 류진 등과 몇 달 동안 공부하고 돌아와서 그 다음 해에 문과별시에 급제하였다. 문과에 급제하기 전인 청년기에 그는 퇴계 이황의 수제자인 김성일과 류성룡의 양 문하에서 수학하였다. 영남 학맥의 정통적인 학통계승자의 연결고리를 맺었다고 할 수 있다.

28세 때인 1600년에 그는 문과에 급제하였다. 그 당시 남인이 힘을 상실하던 정치적인 상황하에서 영남의 선비로 조정에서 벼슬하는 자가 그다지 많지 않을 시점이었다. 문과에 급제한 후 예문관 검열藝文館檢閱, 대교待教, 봉교奉教를 거쳐 세자시강원사서世子侍講院司書, 사간원정언司諫院正言, 병조좌랑兵曹佐郎, 홍문관수

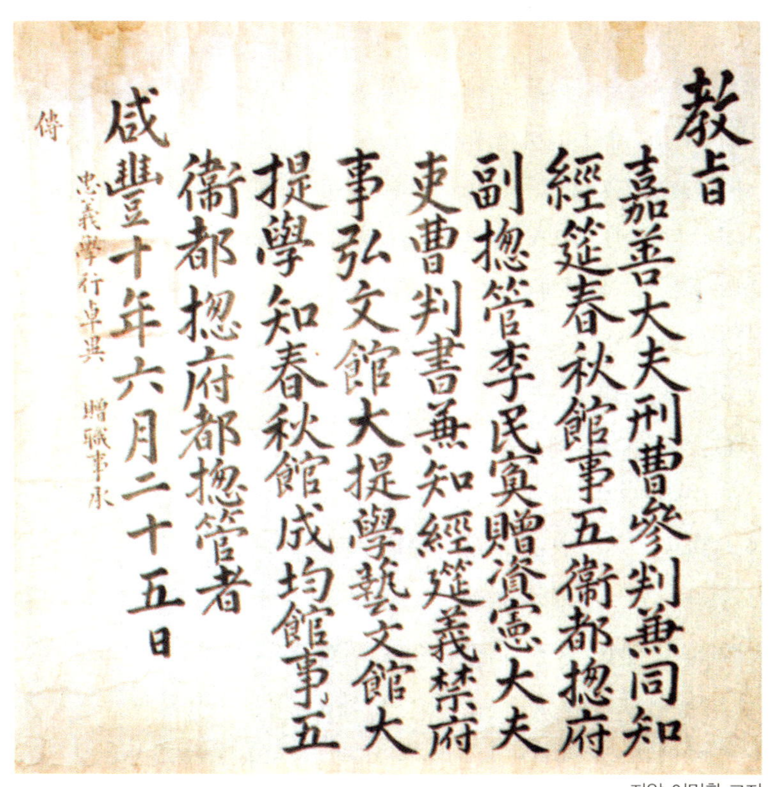
教旨
嘉善大夫刑曹參判兼同知
經筵春秋館事五衛都摠府
副摠管李民寏贈資憲大夫
吏曹判書兼知經筵義禁府
事弘文館大提學藝文館大
提學知春秋館成均館事五
衛都摠府都摠管者
咸豐十年六月二十五日
忠義學行卓異 贈職事承
傳

자암 이민환 교지

찬弘文館修撰을 거쳤다. 조정에 있을 때 그는 뛰어난 학문적인 능력과 박학다식한 문장능력으로써 이름을 떨쳤다.

하나의 예를 들어 보자. 31세 때인 1603년 선조가 명나라 장수를 접대할 때, 이민환은 예문관의 사관으로 임금을 모시고 있었다. 선조가 명나라 장수에게 어디에 살고 있는지 물어보자, 그 명나라 장수는 "금화부金華府에 살고 있습니다"라고 하였다. 선조는 주위의 여러 신하들에게 "이곳은 바로 백운거사白雲居士가 거처한 땅인데 이름을 잊어버렸다. 경들 중 혹 백운거사의 이름을 아는 자가 있느냐?"라고 물었다. 주위의 신하들이 모두 대답하지 못하였는데, 이민환이 조용히 "금화학파의 사현四賢 중의 한 사람인 허겸許謙이 바로 그 사람의 이름입니다"라고 대답하자 주위의 신하와 명나라 장수들이 모두 그의 박학다식함에 탄복하였다고 한다. 아는 만큼 세상을 보는 안목을 지녔던 이민환이었다.

이어 33세 때에 평안도순무 겸 암행어사平安都巡撫兼暗行御史의 중임을 맡아 관리들이 마땅히 지켜야 할 기율과 정의를 확립하였다. 그는 풍채가 뛰어난 강골한 체격과 어떠한 권력자도 두려워하지 않는 강직한 성품으로 일평생을 살았다. 평안도순무 겸 암행어사로 나갔을 때, 왕자 임해군臨海君의 관노, 즉 종이 평안도지역을 돌아다니면서 온갖 작폐를 부리고 있었으나 모두들 후환을 두려워하여 관원들조차도 손을 쓰지 못하고 있었다. 이 사실을 안 이민환은 즉시 그를 잡아 추상같이 다스리니 주민 모두가 환호하면서 관리로서 부정에 눈감지 않은 정의로운 자세와 공평무사함에 감탄하였다. 그의 이름, 민환은 백성 '민' 자와 둘러싸인 담 '환' 자이다. 이름대로 그는 백성에 둘러싸인 삶을 살았다. 권력자의 시선이 아니라 항상 백성들의 시선에서 모든 것을 처리했던, 낮은 곳에 있던 약자들의 삶과 함께했던 인간적인 인물이었다.

이민환은 34세에 예조좌랑에 임명되었으나 붕당이 고조되는 시기에 사회정의를 실천하려는 관리로서의 자신의 삶이 붕당간 권력투쟁 속에 희생되는 것에 회의를 느끼고 고향 산운마을로 내려왔다. 선조 말년에 북인이 정권을 장악하면서 영남의 남인 학맥을 계승하던 그는 더 이상 중앙의 핵심 요직에 진출할 수 있는 길이 막혔던 것이다. 그는 산운마을에서 경전과 역사서를 탐독하고 개인적인 명예와 이익에 대해서는 담담하게 일절 마음을 쓰지 않았다. 36세에 선조가 죽고 광해군이 즉위하자 외직外職으로 영천군수에 제수되었지만, 아버지 이광준의 병환이 깊어 사직을 청하고 또 산운마을로 돌아왔고 그 다음 해에 아버지 상을 당하였다.

1613년(광해군 5) 41세에 그는 충원현감忠原縣監에 제수되었다. 충주지방은 땅이 넓고 물자가 많아 다스리기 어려운 지방이라 불렸지만, 이민환은 소송과 판결 등의 사무 처리를 엄정하고 분명하게 행하였다. 고을의 권세가나 지방 토호세력들이 자기 이익을 위해 청을 하거나 부탁을 하면 조금도 관대하게 처리하지 않아 권세가들의 원망을 많이 받았지만, 정의로운 원칙에 입각한 그의 행동에 대해 백성들의 신임은 두터웠다고 한다. 그 당시에 인목대비의 처벌을 촉구하면서 폐모론이 시작되는 등 권력투쟁이 극심해지자 이듬해에 관직을 버리고 고향으로 돌아왔다. 이때 홍문관교리로 있던 그의 형 이민성도 폐모론에 앞장섰던 정조鄭造, 윤인尹訒 등의 죄를 논박하다가 파직되어 고향에 돌아와 있었다. 이처럼 그의 형제와 아버지는 무반가족으로서의 혈통을 계승한지라 정의롭지 못한 일을 보고서는 참지 못하는 강직한 성격의 소유자이며 사사로움을 돌보지 않는 의리에 강한 인물이었다.

이 당시에 그는 형과 함께 산운마을에 은거해 있으면서, 고향 주위의 자연과 더불어 백성들과 함께하는 삶을 살면서 마음이 통하는 친구와 교유하며 문장을 짓고 개인적인 탐욕에는 일절 신경 쓰지 않았다. 그리고 또 고향 어르신네들의 권유로 퇴계의 향약을 바탕으로 7가지 강령과 35가지 조목의 향규鄕規를 만들어서 향사당鄕射堂에 게시하여 의성지역 공동체의 생활과 규범의 원칙으로 만들었다. 향규를 제정한 동기와 향규 시행의 의의 및 방향, 향촌자치기구인 유향소의 여러 어른들에게 철저한 준수를 당부하는 내용이 이민환이 쓴 「제향규후題鄕規後」에 잘 나타나 있다. 이민환은 향규의 내용과 명분을 퇴계의 「향중약조鄕中約條」에 의거하여 계승하되 당시의 시대적인 풍속에 맞추어 7가지 강령과 35가지 조목으로 제정하였다고 한다. 그리고 이를 통해 풍속을 두텁게 하는 근본인 "사람마다 자기 부모를 부모로 섬기며, 자기 어른을 어른으로 모시면 천하가 태평함"(人人親其親, 長其長而天下平)을 이룰 수 있을 것이라 기대하였다. 조선조 성리학의 수용과 더불어 특히 영남지역에서는 퇴계가 향약 규정을 제정하였고, 퇴계의 학통을 계승한 제자들에 의해 각 지역으로 확산되었다. 따라서 이민환의 「제향규후」는 의성에서도 그에 의해 향약이 제정되었음을 알 수 있으며 또 영남지역 퇴계학파의 향약 시행 추이를 알 수 있다는 점에서 자료적인 가치가 높다. 이 향규는 현재까지도 의성향교 명륜당에 게시되어 있다.

## 2. 한 지식인의 진실한 기록: 동아시아 지성사에서 이민환이 남긴 발자취

이민환이 살았던 시대는 명청교체기로서 동아시아의 국제 질서가 급변하는 시기였다. 광해군도 이런 상황을 유심히 주시하면서 조선이 처한 상황에서 독자적인 노선을 걷고 있던 시점이었다. 2012년에 개봉한 뒤 1,200만 명 이상 관객을 동원하여 역대 관객동원 3위에 오른 영화 「광해, 왕이 된 남자」에서 광해군 역으로 나오는 주인공 하선이 대궐에서 대신들이 명나라에 보낼 조공과 원군을 보고받는 장면이 나온다. 대신들이 "기마 오백 두에 궁수 삼천, 기병 천을 더하여 이만의 군사를 파병토록 하겠사옵니다." "이 나라가 있는 것이 누구의 덕입니까. 명이 있어야 조선이 있는 법. 오랑캐와 싸우다 짓밟히는 한이 있더라도 사대의 예를 다하는 것이 황제의 은혜에 보답하는 길 아니겠습니까." "전하 윤허하여 주시옵소서"라고 보고하자, 광해 역인 하선이 언짢은 표정으로 두 손을 꽉 쥐고 이를 깨물면서 "경의 뜻대로 하시오"라고 말한다. 그 다음에 대신들이 조공물품을 계속 나열하자, 광해는 화를 버럭 내면서 "적당히들 하시오. 적당히! 도대체 이 나라가 누구의 나라요. 명 황제가 그리 좋으시면, 나라를 통째로 갖다 바치시든가! 뭐라? 이 땅이 오랑캐에게 짓밟혀도 상관없다고? 이런 썩을…… 부끄러운 줄 아시오!"라고 하면서 "좋소. 경들의 뜻대로 명에 이만의 군사를 파병할 것이오. 허나 나는 금에 서신을 보낼 것이오. 홍문관은 적으라. 명에 군사를 파병하였으나 금과는 싸움을 원치 않는다. 부디 우리 병사들을 무사히 돌려보내 주시길 바란다"라고 분부한다. 그때 뜨악한 표정으로 하선을 바라보는 대신들이 "전하, 사대의 명분을 버리고 오랑캐에게 손을 내밀다니요. 이는 명을 속이고 원수와 화친을 맺자는 것이옵니다. 부디 명을 거두소서"라고 말하자, 광해는 "그깟 사대의 명분이 뭐요. 대체 뭐길래! 이만의 백성을 사지로 내몰라는 것이오? 임금이라면, 백성들이 지아비라 부르는 왕이라면…… 빼앗고 훔치고 빌어먹을지언정, 내 그들을 살려야겠소. 그대들이 죽고 못 사는 사대의 예보다! 내 나라, 내 백성이…… 열 갑절, 백 갑절은 더 소중하오!"라고 말하는 명장면이 이 영화의 클라이맥스 중에 하나이다. 역사적으로 광해군은 무능한 아버지 선조를 대

신하여 전국 각지를 돌아다니면서 흩어진 민심을 모으며 진두지휘하면서 임진왜란을 종식시키는 데 큰 공을 세운 인물이었다. 우여곡절 끝에 왕위에 오른 광해군은 북방에서 여진의 후금이 강성해져 명을 압박하고 있는 상황에서 조선을 생각한 실리외교를 펼치던 상황이었다. 이런 상황에서 명은 임진왜란 때 자신들이 구원병을 파병한 것을 생색내며 대후금 전선에 원군을 파병해 줄 것을 요청하였다.

1618년 여름, 이민환의 나이 46세에 명나라와 여진족을 통합하여 세력이 성대해지던 누르하치(후에 청나라 태종이 됨)의 후금 사이에 벌어진 전쟁에 조선은 13,000여 명을 명나라에 원군으로 파병하였다. 이때 이민환은 도원수 강홍립姜弘立의 문종사관에 임명되었다. 당시 산운마을에 낙향하여 있던 남인인 그가 발탁된 이유는 무재를 겸비한 보기 드문 유능한 문신이라는 이유였다. 또한 임진왜란 때 강릉에서 아버지 이광준과 형 이민성과 더불어 왜적을 격퇴한 실제적인 전투경험과 출중한 문장능력도 한몫하였으리라 짐작된다. 산운마을에서 몇 해 동안 은거하고 있었던 이민환은 전쟁터에 나가는 것을 걱정하는 주위 사람들에게 "편안하고 위험하고 죽고 사는 것을 가리지 않는 것이 신하의 직분이다"(不擇夷險死生以之臣子職也)[1]라고 하면서 한양으로 올라갔다고 한다. 무과에 급제한 그의 장조카인 이제륙李齊陸도 이 전쟁에 함께 출정하였다. 이 전쟁의 참가는 이민환의 일생에 있어서 가장 큰 사건이며, 후대 동아시아 지성사에서 그의 발자취를 뚜렷하게 남긴 사건이 된다.

조선군은 8월에 출발하여 다음 해 1619년 2월에 압록강을 도강하는 형편이었는데도, 군량미를 보급하던 임무를 맡은 평안감사 박엽朴燁과 분호조 참판 윤수겸尹守謙 등이 군량을 제대로 운반하지 않아 군사들이 굶주리고 사기가 저하되었다. 압록강을 넘은 지 보름 만인 3월 4일 명청교체기의 분수령이 되는 사르후(富車) 전투라고 불리는 심하瀋河의 전투에서 명군은 궤멸되었으며, 조선군도 후금 군사에게 완전 포위되었다. 이민환은 조선의 진중을 돌아다니면서 군사들에게 "한 번 죽기를 결심하여 싸운다면 살 길을 얻을 수 있다"라고 고취시켰으나 여러 날 굶주린 군사들은 완전히 사기가 저하되어 싸울 의지가 없었다. 이 파병에서 광해군은 앞서 언급한 영화 「광해, 왕이 된 남자」에서 보는 대사처럼 강홍립에게 명과 후금의 정세를 잘 살펴서 행동을 결정하는 관형향배觀形向背의 전술을 구사하면서 잘 처신하라는 밀지를 내렸다고 한다. 역사학자들은 그 당시 광해군이 펼친 등거리 외교정책은 아주 뛰어났다고 평가하고 있다.

이때 후금의 장수가 "우린 명나라 사람에게 원한이 있어서 서로 싸우나 조선은 본디 원수진 일도 원한도 없는데 왜 파병까지 와서 우리와 싸우려고 하는가?"라고 묻자, 강홍립은 "양국이 전부터 아무런 원수가 없는지라 금번 여기에 들어온 것은 만부득

이한 일임을 그대들도 어찌 모르겠는가?" 라고 말하였다. 드디어 후금의 장수가 "조선의 뜻을 우리가 잘 알고 원한도 없는지라 화해하면 조선의 군졸의 생명을 살릴 수 있으며, 목전에 충돌할 염려도 없을 것이다. 하늘에 두고 맹세하겠다" 라고 하였다. 광해군의 실리적인 등거리 외교정책으로 강홍립은 후금에 투항하였던 것이다. 광해군의 밀지를 모르는 이민환은 후금이 화의를 신청했고 조선군이 투항한다는 사실을 알고 누차 부당하다는 것을 말하며 이에 분격하여 자결하려 하였으나 함께 종군했던 장조카 이제륙의 힘에 밀려 칼을 빼앗기고 자결하지 못하고, 조선의 군사들과 후금의 수도 건주建州의 목책 속(柵中)에 갇히는 포로생활을 17개월 동안 하게 되었다. 후금은 이 당시 조선과 수교를 맺고 싶어서 장수와 군사를 사로잡아 인질로 삼고 조선에 국서國書를 요구한 이후 풀어 주려고 하였다. 그러나 조정에서 곧장 수교문서를 지어 보내지 않았기 때문에 17개월 동안 억류되었다. 이때 이민환의 형 이민성은 아우가 포로가 되었다는 소식을 듣고 「억사제憶舍弟」란 시에서 소식을 기다리는 심정을 다음과 같이 읊고 있다.

사지로 떠났으니 누가 소식 전해줄까 死去憑誰報
3년 동안 네가 돌아오기를 바랐다네. 三年望汝歸
근심스런 생각 저녁에 피리소리만 들리고 愁思胡笳夕
아우의 소식은 전혀 들리지 않네. 東西消息稀

아무튼 후금의 포로가 된 이민환은 포로로 잡혀 있는 목책생활을 하는 동안 온갖 고초와 굴욕을 겪으면서 의연한 자세를 잃지 않았다. 어떠한 위협에도 굴하지 않는 그의 의연한 기질 앞에서 후금의 군사들도 드디어 감복하여 그를 죄인으로 대하지 않았다고 한다. 심지어는 그 당시 요동遼東과 심양瀋陽 지방뿐만 아니라 명나라 사람들도 이민환의 의절義節을 한나라 때의 가의賈誼, 소무蘇武에 비교하면서 찬탄하여 '어르신' 이라고 부르고 칭송하였다고 한다. 훗날 인조반정 후에 고급사告急使 홍명원이 북경에서 돌아와 보고하기를 "조선 문종사관 이민환이 패하여 포로로 잡힌 목책 속에서도 의절을 굽히지 않음에 호인들조차도 이를 흠모하여 어르신이라 부르고 그의 이름을 부르지 않았다"라고 전하고 있다.

그리고 무엇보다도 이민환은 깨어 있는 지성인답게 그가 경험한 사르후 즉 심하전투와 포로로서의 목책생활, 그리고 후금의 수도에 끌려와서 겪은 후금 사회의 구성과 생활풍습, 문화, 청나라 태종이 된 누르하치에 대한 생생한 묘사와 그의 아들과 사위들의 생동적인 기록 등을 세밀하게 남겼다. 이 기록물이 바로 「책중일록柵中日錄」이며, 「건주문견록建州聞見錄」이다. 이 기록물은 명청교체기 후금의 역사적인 기록이 전혀 없는 동아시아 지성사에서 가장 가치 있는 독보적인 기록물로 알려져 있다. 이민환의 기록이 없었다면 그 당대 현실이 제대로 역사화되었을까? 따

清初史料丛刊第八、九种

**栅中日录校释**
**建州闻见录校释**

辽宁大学历史系

一九七八年十月

중국에서 출판된 「책중일록」과 「건주문견록」 교석

라서 일찍이 중국에서 주목받는 저작으로서, 1978년에 요녕대학에서 『청초사료총간』 각 8종과 9종으로 엮어서 주와 해석을 달고 출판된 적이 있다.

「책중일록」은 1618년 이민환이 명나라 원군으로 파병되고 심하전투에서 패배하여 포로가 되어 17개월 동안 책중생활을 하고 난 뒤 석방되어 1620년 7월 17일 압록강을 건너 만포滿浦로 돌아올 때까지의 근 25개월 동안의 건주지방의 진중 및 책중생활의 기록이다. 당시 조선군과 후금後金 사이에 벌어진 구체적 전투상황과 조선군 지휘부와 후금 지휘부 사이에 어떤 일들이 있었으며, 무슨 논의가 있었는지를 알려 주는 매우 귀중한 자료이다. 그 생생한 기록은 한 지식인의 고민을 느끼게 해 준다. 지금 읽어도 건주지방의 한 싸움터의 모퉁이에 서 있는 것 같은 착각을 불러일으키게 한다. 임진왜란 때 진중 기록으로는 이순신의 「난중일기」가 있고, 얼마 뒤 청나라의 나선정벌羅禪征伐 때는 신유申瀏의

「북정일기北征日記」가 있으나, 명청교체기의 진중 기록은 동아시아의 역사상 거의 전무하다. 또한 「난중일기」나 의병의 기록 등은 나라 안에서의 기록이나, 「책중일록」은 나라 밖에서의 기록이다.

「책중일록」은 조선군의 출병에서부터 압록강을 건너 명나라군과 합류하는 상황, 군량이 보급되지 않아 곤경을 겪는 상황, 사르후 전투에서의 패전, 누르하치와의 대면, 화친을 위한 외교활동, 목책 속에 갇히는 포로생활, 강홍립 등 두 명의 장수만 남겨 두고 조선으로 귀환하는 과정 등이 일기식으로 상세하게 기록되어 있다. 조선이 도망쳐 온 후금의 군사를 잡아서 보내 주자, 후금은 조선이 국서는 보내지 않아도 화의의 의사를 소극적으로 표현했다는 현실적인 명분을 받아들여 끝까지 항복하지 않았던 포로를 석방한다. 후금은 이민환이 문인으로서 뛰어난 능력의 소유자라는 사실을 알고 그를 석방하고 싶어하지 않았다. 그러나 포로로 남은 다섯 명 중에 세 명을 제비로 뽑은 끝에 이민환이 뽑혔기 때문에 후금은 어쩔 수 없이 "하늘의 뜻이로다"라고 하면서 그를 방면해 주었다.

포로로 있는 책중생활 속에서도 이민환은 학문을 게을리하지 않았다. 그는 포로생활 속에서 우연히 『이정전서二程全書』, 『성리군서性理群書』, 『명신언행록名臣言行錄』, 『황화집皇華集』 등의 몇 질을 얻어 밤낮으로 외웠으며 마침내 그 속의 격언과 지론을 기록하고 모아서 3권으로 만들고, 『논어論語』의 "아침에 도를 들으면 저녁에 죽어도 좋다"(朝聞道, 夕死可矣)란 구절에서 따와 『조문록朝聞錄』이라고 이름하였다. 그는 서문에서 언제 죽을지 모르는 위험한 상황에서 자아의 내면을 도로써 수양하고 무장하기 위해 적었다고 밝히고 있다. 이런 학문적인 태도를 잘 아는 후금이 그를 석방하는 것에 안타까움을 느꼈을 것이다. 그의 형 이민성은 아우가 석방되었다는 소식을 듣고 평양으로 마중을 나가, 「아우를 만나니 기쁨과 슬픔의 감정 말로 표현할 수 없어 이 시를 지어 기록한다」[2]라는 시를 지어 걱정과 근심으로 보낸 세월을 기쁘게 묘사하고 있다.

| | |
|---|---|
| 오늘 저녁이 그 어떤 저녁인가? | 今夕知何夕 |
| 혹 꿈속에 돌아온 것인지 의심되네. | 還疑夢裏歸 |
| 살아 있을 것이라는 마음 강철같이 굳었지만 | 只餘心似鐵 |
| 실날같이 목숨을 보전할 수 있을지 걱정했네. | 能保命如絲 |
| 형제가 모여 화합할 수 있으니 기쁘고 | 骨肉團圓喜 |
| 천지의 은혜는 각별하였네. | 乾坤雨露私 |
| 백 년의 근심과 한스러움 다 몰려와서 | 百年憂恨集 |
| 잠시 동안 그 근심을 헤쳐 나가기 어려웠네. | 難得暫時披 |

요동으로 출병한 이 시기 이민성은 동생을 염려하는 많은 시

를 지었다. 어떤 사람이 동생이 죽었다고 해서 영정을 갖추고 곡을 하기도 하였고, 후금에서 온 동생의 편지를 받고는 뛸 듯이 기뻐하는 등 동생의 안위를 늘 걱정하곤 하였다. 이 시에서 보는 것처럼 형 이민성은 근심과 우울로 지새웠던 상황하에서 동생과의 우애를 생각하고 목숨을 부지하고 돌아온 것을 기쁘게 노래하고 있다.

이민환은 1620년(광해 12) 48세에 마침내 풀려나 조선으로 돌아왔으나, 일찍이 군량 보급을 잘못했다 하여 이민환으로부터 질책을 받은 바 있는 박엽, 윤수겸 등의 모함과 투고로 1년 이상을 평양과 숙천 등지의 관서關西지방에서 머물다가, 이듬해 49세 되던 6월에 마침내 산운마을로 돌아올 수 있었다. 이때 그는 평양에서 「건주문견록建州聞見錄」을 지어 조정에 올렸고, 또 이에 덧붙여서 외적으로부터의 방어책을 6개 조항으로 기록한 「비어육조소備禦六條疏」와 「자건주환후진정소自建州還後陳情疏」 등을 써서 올렸다. 「건주문견록」은 이민환이 석방되어 귀국 후 평양에서 광해군에게 보고한, 그가 출병해서 보고 들은 누르하치 통치하의 여진에 대한 최신 정보이다. 그야말로 동아시아에서 후금에 대한 기록으로서는 거의 유일무이한 것이다. 내용이 상당히 광범위하고, 후금의 지리적 형세와 풍속습관, 사회관계, 군사제도 및 여진 귀족들의 정황을 상세하게 묘사하여 청나라 건국 초기 누르하치 시대의 정치, 경제, 군사, 문화를 연구하는 데에 귀중한 자료가 되고 있다. 문화적 관점에서 보면 오랑캐로서의 여진족을 약간 무시하는 듯한 서술이 있지만, 명청교체기의 건주 여진족의 역사적인 실상을 기록한 희귀하고 가치 있는 저작이다. 그가 「건주문견록」 등을 지은 목적은 강대국으로 성장한 후금에 대한 정보를 제공하고, 이에 대한 대비책을 조정에서 서둘러 마련하여야 한다는 점을 강조하려는 것에 있었다.

「비어육조소」는 외적의 침입으로부터 방어하는 대책을 6개 조항으로 나누어 이민환의 소회를 진술한 상소문이다. 6개조는 ① 산성을 수축하고, ② 기마병을 양성하고, ③ 소수정예주의를 택하고, ④ 변방의 군사들에게 특별한 은전을 주고, ⑤ 무기를 새롭게 개발하며, ⑥ 군사훈련을 강화할 것이라는 주장이다. 이 6개조는 실세 전투에서 효율성이 인정될 만큼 실천적인 내용을 구체적으로 기록하고 있었으나 조정에서는 그 당시 정치투쟁의 상황 아래에서 묵살하였다. 출병한 이후부터 다시 조선에 돌아오기까지의 상황을 자세히 설명하고 있는 「자건주환후진정소」는 자신이 살아남아 있었던 것은 어찌할 수밖에 없는 불가피한 상황 때문이었고, 포로로 구금되어 있으면서도 끝내 그들에게 굴복하지 않았다는 점을 쓸쓸하게 강조하고 있는 글이다.

명청교체기에 변화하는 국제정세에 대해 이민환은 광해군만큼 광범위하게 이해하지 못하였을 것이다. 그런 와중에서도 출병하여 온갖 고초를 겪으면서도, 자신이 생각하는 옳다는 것에 대한 소신을 굽히지 않고 후금에 정정당당하게 맞서 싸웠다. 또한 직간접적으로 조선과 후금 간의 연락에 간여하여 조선에 유리한 상황을 만들려고 노력하였다. 그리고 어려운 과정에서도 자신이 보고 들은 후금에 대한 사실적인 지식을 남김없이 기록함으로써 지식인으로서의 사명에 충실하였다. 이 지점에서 지식인의 유형을 크게 도식적이지만 네 가지로 나눌 수 있겠다. 첫째, 권력이나 물질적인 부와 같은 현실적 이익을 기본적으로 추구하면서 자신의 전문성을 권력자나 기득권 세력에게 적극 부역하는 사이비 지식인, 둘째, 오로지 개인의 학문적 성취만을 목표로 현실의 상황에 아랑곳하지 않고 자기의 세계로만 침잠하는 소극적인 내면 지향의 지식인, 셋째, 자신이 옳다는 신념과 믿음 아래에서 당대 현실의 모순과 갈등을 해결하기 위해 고난을 감수하면서 자신의 정의로움에 충실하는 적극적인 지식인, 넷째, 당대 현실 속에 역사적인 경험과 관계의 복잡성을 자신의 내면의식과 행위를 통해 역사화하여 후세를 위해서 세밀하게 기록하는 본연적인 지식인을 들 수 있겠다. 물론 지식인이나 선비도 당대 현실의 다양한 양상을 보면 네 유형의 사이사이에 아슬아슬하게 걸쳐 있는 경우도 많다. 이민환은 세 번째와 네 번째 유형에 속하는 지식인이라고 할 수 있겠다. 자신의 신념과 정의로움 속에서 현실의 모순과 갈등을 극복하려는 학문적인 사명과 후일 역사적인 기록으로 남기려는 의지가 강했던 지식인이다. 이것이야말로 개인의 이익을 떠나 지식인이 지녀야 할 최소한의 사회적 책임감이 아니었을까? 이러한 지식인으로서의 사명에 충실하지 못하고 이민환처럼 자신이 옳다고 생각하는 정의로움과 기개가 없었다면, 세상을 어지럽히는 간신들과 도적들이 후세에 끊이지 않았을 것이다. 이는 자신이 굳게 믿었던 진리에 대한 생각이 독실하고 자신의 생각이 분명했기 때문일 것이리라. 하지만 이민환의 요동출병은 그의 삶에 엄청난 시련이었다. 급변하는 동아시아 국제적 정세 하에서 국가의 명령으로 출병하였으나, 결과적으로 패배하여 목숨을 부지하였다는 것이 대의명분을 중시하는 그의 삶에 있어서 트라우마와 현실적 시련으로 작용하였고, 권력투쟁 아래에서 상대파에게 공격의 빌미를 제공하였던 것이다.

이민환은 조선으로 귀환한 후 정치적인 좌절기에 지식인으로서 묵묵하게 자기 역할에 충실하였다. 그가 보고 들었던 것을 자신의 세계사적인 시선 아래에서 조선이 처한 당대 현실에 대한 깊은 안목과 이해의 시각과 결부시켜 기록을 남기는 것으로써 자기 존재를 증명하였다. 이러한 그의 기록은 백여 년이 지난 후에 조선 후기 실학파의 학문 속에 계승되었다. 실학는 조선 후기인 17세기 후반부터 19세기 전반에 전통적인 성리학이 현실과 유리되어 백성들의 실제 생활에 도움이 되지 못하였다는 반성에서 출발하여 새로운 방향을 모색한 유학의 한 분파의 학문 및 사상체계이다. 이민환의 현실에 바탕을 둔 독특한 시각이 성호 이익, 연려실 이긍익, 다산 정약용 등의 실학파의 학문체계에 선도적인 영향을 주었다. 이처럼 현실에 밀착한 그의 이론체계와 기록은 후일 실학파의 예지적인 빛이 되었던 것이다. 성호 이익은 이민환의 문집인 『자암집』 서문에서 다음과 같이 칭송하고 있다.

> 공은 포부가 매우 크고 많은 경험을 하여 온축된 것은 밝은 지혜가 되었고 표출된 것은 계책이 되었다. 헤아림을 능란하게 하였으므로 일에 적용해서는 빈틈이 없었다. 「비어육조備禦六條」를 열거하였고, 사적으로 문답問答을 만들었으니, 백성을 안정시키고 변방을 편안케 하는 계책이 아닌 것이 없었다. 참으로 이른바 근심과 걱정이 너를 옥玉으로 만든다는 것이 아니겠는가. 뒤에 반드시 시무時務를 아는 자가 여기에서 취할 점이 있을 것이다. 지금은 우선 공경히 기다리노라.

이처럼 이익은 공경의 자세로 자암 이민환을 옥과 같은 존재라고 극찬하고 있다. 위의 인용문에서 "근심과 걱정이 너를 옥으로 만든다는 것"은 장재張載의 「서명西銘」에 "가난하고 천함, 근심과 걱정은 너를 옥처럼 갈고 닦아서 훌륭하게 만들기 위한 것이다"(貧賤憂戚, 庸玉汝於成也)라고 한 데서 온 말로, 온갖 역경을 극복함으로써 훌륭한 인격체를 이루게 된다는 의미이다. 이처럼 이민환은 수많은 역경을 극복하고 후대에 새 시대를 여는 삶의

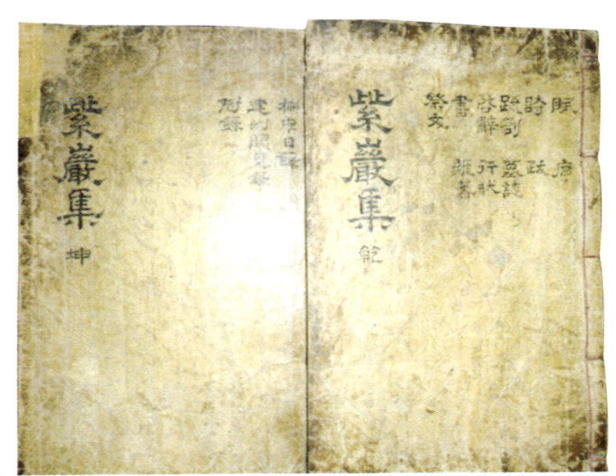

『자암집』

지침을 보여 주었던 것이다. 또한 이익은 『성호사설』 등에서 무비武備, 즉 국방 방어의 중요성을 언급할 때마다 이민환의 「건주문견록」 등의 글들을 인용하면서 적고 있고, 이긍익은 건주의 패전 사실을 상세하게 고증할 때 이민환의 「책중일록」의 기록을 언급하였으며, 정약용은 「비어고備禦攷」를 편집할 때 이민환의 문집인 『자암집紫巖集』이 매우 긴요하다고 여기면서 자신의 자식들에게 『자암집』을 필독서 중의 하나로 지정하여 읽게 하였다. 이처럼 이민환이 남긴 기록들은 후대에 새 시대를 창조하려는 실학자들 사이에서 조선의 국방 방어를 강조할 때 항상 중요한 문건으로 간주되었던 것이다. 조선에서 국방 방어의 중요성을 홀시함으로써 임진왜란, 정묘호란, 병자호란 등과 같은 많은 외침의 역사를 겪었던 경험을 반성하는 차원에서 실학자들의 관심이 깊었던 것이다. 이민환은 자신이 남긴 역사적인 기록을 통해 후대의 지침이 되었던 지식인 중의 한 명인 셈이다.

## 3. 실천하는 지식인의 진정성 표출: 애민정신과 미래 세대의 희망

1623년 51세 때에 서인들이 광해군 대의 대북파를 몰아내고 인조를 내세운 인조반정이 발생하였다. 이때 정치권력은 서인들이 주도하면서 일부 남인들이 참여하는 상황으로, 남인으로 우복 정경세가 요직에 배치되어 있었고, 여헌 장현광이 정치권의 매우 두터운 신망을 받고 있었다. 제한적으로 남인에게 주어졌던 출사의 기회가 이민환에게는 전혀 주어지지 않았다. 왜냐하면 강대국의 위치를 상실하고 있었던 명나라와의 관계를 회복하는 데 총력을 기울이고 있었던 서인정권하에서 이민환은 요동출병에서 오랑캐인 후금에게 패배하여 포로로 잡혔다는 낙인이 드리워졌기 때문이다. 이민환에게는 억울한 일이었다.

55세 때인 1627년(인조 5) 강대국으로 우뚝 선 후금이 조선의 친명외교에 불만을 품고 조선을 침략한 정묘호란이 일어났다. 이때 산운마을에 은거하고 있던 이민환은 경상도호소사인 장현광의 종사관으로 임명되었다. 이때도 서인들의 반대가 있었으나, 이민환은 후금 문제의 탁월한 전문가였고, 장현광도 그가 개인적인 영달에는 관심이 없고 현실 속에서 백성과 나라의 운명을 진정으로 생각하는 강직한 성격의 소유자라는 것을 알고 있었기에 발탁하였던 것이다. 아마 이민환에 대한 장현광의 인식은 그 이전에 일정한 교류가 있었기에 축적된 것이라고 생각할 수 있다. 형인 이민성도 1603년(선조 36)에 산운마을 근처의 빙계서원에서 장현광을 따라 『주역』을 강의했다는 기록이 「여헌선생급문록」에 나와 있고, 자주 장현광에게 가서 인사를 드린 사실이 기록되어 있는데, 이는 아버지 이광준과 장현광과의 인간적인 교류관계가 기본적인 바탕이 되었기 때문이라고 짐작된다. 따라서 이민환 형제가 아버지 대를 이어 장현광과 깊은 인연을 맺고 있었던 것이 종사관으로 발탁되는 계기 중의 하나가 되었을 것이다. 후일 그는 형이 작고하자 형의 묘지명을 장현광에게 부탁할 정도로 돈독한 관계였다.

그는 정묘호란 때 영남에서 의병활동과 군무를 처리하였으나 정묘호란은 짧은 기간 안에 막을 내렸다. 조선은 후금과 형제의 맹약을 하고, 조선이 후금과 강화하여도 명나라에 배반하지 않는다는 조건으로 후금의 군사들은 물러났다. 조선은 현실적으로 강대국 후금의 위력을 피부 속으로 처음 깨달았던 것이다.

57세 때인 1629년 사랑하고 의지하던 형 이민성이 세상을 등졌고, 트라우마와 낙인 때문에 관직 진출에 자신이 없었던 이민환은 61세에 대동찰방大同察訪에 임명되었다. 찰방이라는 관직은 조선시대 각 도의 역참驛站을 관리하는 일을 맡아보던 종육품의 외직 문관벼슬이었는데, 그에게 역마나 관리하는 일은 굴욕적이었을지도 모른다. 이민환은 두 달 만에 관직을 버리고 산운마을로 돌아와 독서와 저술작업을 한다. 이즈음에 그는 의성에 관한 역사적 기록을 적은 의성읍지 『문소지聞韶志』를 다시 편찬하였고, 문답 형식의 논설을 저술하여 시무6조의 개혁안을 제창하면서 학교제도와 과거제도의 개혁을 주장하였고(「蒭蕘問答」), 공자의 제자 중 안자顔子의 학문이 가장 뛰어났다고 보고 여러 책에 흩어져 있는 그의 말들을 모아 『박약집설博約集說』을 편찬하였다. '박약博約' 이란 책의 이름은 논어에 "학문으로 나의 지식을 넓히고, 예로써 나의 행동을 단속하네"(博我以文, 約我以禮)란 글귀에서 따왔다. 이민환은 후금에서 돌아와 산운마을에 은거해 있을 때, 국방사업에 대한 자신의 독특한 시각과 인식하에서 수많은 상소문을 지었고, 사회적 현실을 개혁하고 하층민을 배려하는 논설문을 쓰거나, 자신의 관점에서 현실에 맞는 학문적인 작업, 역사적인 기록을 체계적으로 정리하고 다시 편집하는 작업 등을 부단히 진행하였다. 하지만 현재 전해지는 『자암집』 속에는 전문이 수록되지 않고 제목만 전해 오는 것들이 많아 안타깝다.

1636년(인조 17) 후금이 국호를 청으로 바꾸고 난 뒤에 조선을 침략한 병자호란이 발생했다. 정묘호란 이후 조선은 후금과 형제의 맹약을 맺은 강화조약을 체결한 뒤에도 변화하는 국제정세에 둔감하여 줄곧 친명배금정책을 견지하고 있었다. 이러한 조선을 확실하게 굴복시키기 위해 청나라는 1636년 12월, 10만 대군을 거느리고 압록강을 건너 조선을 침공했다. 병자호란 때 이민환은 의병을 규합하고 경상도관찰사의 요청을 받아들여 군영에서 여러 가지 사무를 처리하는 종사관으로 활동했다. 그리고 청군을 제압할 여러 가지 전략과 전술을 도모하기도 하였으나, 병자호란은 불과 두 달 만에 인조가 항복함으로써 조선의 참담한 패배로 끝나 버렸다. 남한산성으로 옮긴 인조가 1637년 1월 30일 남한산성을 나와 지금의 잠실나루 근처의 삼전도에서 청 태종에게 굴욕적인 항복의식을 하는 장면을 상상해 보자. 조선의 왕 인조는 곤룡포를 벗고 평민 복장을 하고 세자를 비롯한 대신과 함께 항복을 받는 제단인 수항단受降檀이 마련되어 있는 삼전도에 도착하여, 청 태종을 향하여 세 번 절하고 한 번 절할 때마다 머리를 땅바닥에 부딪치는 이른바 삼배구고두례三拜九敲頭禮라는 치욕적인 항복의식을 거행하였다. 이때 절할 때마다 머리가 땅바닥에 부딪치는 소리가 크게 나야 하는데, 청 태종은 소리가 나지 않는다고 하여 다시 부딪칠 것을 요구하였다. 인조는 수십 번 머리를 땅바닥에 부딪쳐서 이마가 피투성이가 되었다. 조선은 임진왜란에서는 7년간의 싸움 끝에 왜군을 격퇴한 데 반하여, 병자호란에서는 조선 역사상 가장 큰 패배를 경험하였다. 만약 인조반정이 일어나지 않고 국제정세에 밝았던 광해군이 계속 집권하였으면 정묘호란과 병자호란이 발생하지 않았을 것이라는 부질없는 상상을 해 본다.

병자호란으로 인해 조선은 청과 군신관계의 예를 맺게 되었다. 동아시아의 변화하는 국제관계에 무지했고, 이민환이 수차례 사회군사적 방어책 및 개혁안 등의 내용으로 올린 상소를 철저히 무시하고 소중화를 자처하며 망상에 젖었던 조선에게 오랑캐라 여겼던 만주족 군대에 치욕적으로 굴복한 병자호란은 엄청난 정신적 충격 그 자체였다. 따라서 조정에서는 이전 요동출병에서 후금에게 포로로 잡혀 있었던 이민환 등에 대한 시선을 일방적인 비난의 대상으로 삼기 어렵다는 사실을 알게 되었다. 이 지점에서 사마천司馬遷이 흉노와의 전쟁에 나갔다가 어쩔 수 없이 항복한 이릉李陵에 대해 끝까지 변호를 하다가 한나라 무제의 뜻을 거슬러 궁형을 당하고 『사기史記』 저술에 매진한 일이 오버랩된다. 현실적으로 병자호란으로 인한 조선의 항복 사실이 이민환의 정치적인 복권에 도움이 되었다고 할 수 있다. 후금에 항거하였지만 포로로 잡혔다가 살아서 돌아왔다는 것으로 인해 이민환 개인이 입은 트라우마와 상처가 아이러니하게 조선 전체가 청에 굴복한 사실로 말미암아 치유될 수 있는 계기를 마련하였다. 게다가 이민환 자신이 보여 준 초지일관 진충보국하는 자세와 믿음, 강직하고 의연한 성품, 국난극복에 자신의 땀과 능력을 다해 실천하는 지식인으로서의 진정성 등이 말년에 정치적인 복권의 계기가 되었던 것이다.[3]

이민환은 병자호란이 끝난 후인 1638년(인조 16) 66세에 이르러서야 성균관전적成均館典籍에 제수되었다가 군자정軍資正으로 옮겼고, 가을에 비변사備邊司의 추천으로 통정대부, 즉 당상관에 오르면서 비로소 십여 년 동안 의미 있는 관직을 거치게 된다. 곧이어 동래부사東萊府使를 거쳐 다시 장례원판결사掌隷院判決事, 호조참의戶曹參議, 형조참판刑曹參判 등 중앙 요직을 거치고 경주부윤慶州府尹으로 벼슬생활을 마감한다. 1649년(인조 27) 2월 24일 질병으로 인해 정침正寢에서 죽으니 그의 나이가 77세였다. 그가 죽자 멀고 가까운 지역에서 애도의 물결이 진동하였으며, 부고가 알려지자 임금은 예관禮官에게 명하여 제문을 내리면서 죽은 이를 위로하고 제사를 지내며 부의를 하사하였다고 한다.

그가 동래부사로 있을 때의 일이다. 동래는 중앙에서 먼 곳에 위치한지라 백성들은 배움에 대해서 알지 못하였다. 이민환은 동래고을에서 배우고자 하는 소년을 모아, 그 가운데 총명하고 명민한 학생 20여 명을 선발하여 관아에 합숙시켜 가며 자신의 월급을 대주면서 『소학』 등 여러 기초적인 학문을 직접 가르쳤다. 그는 달마다 배운 것을 시험 쳤으며, 서적을 책상 위에 쌓아 두고 매일 부지런히 아이들을 가르치면서 후학양성에 자신의 노년을 바쳤다. 오래되지 않아 아이들은 대부분 초학 수준 정도의 학문에 나아가게 되었으며, 그 가운데 향리에서 인재라 추천할 만한 소년들이 많았다. 이렇게 그는 남들이 알아주지 않는다 할지라도 지식인으로서의 의무를 충실히 수행하면서 남해안지방의 문풍을 진작시켰다. 자그마한 이 일을 두고 동래 백성들이 오랫동안 그의 덕을 칭송하였다. 이런 지점에서 중국의 대문호 루쉰(魯迅)이 "수많은 사람들의 손가락질에는 쌀쌀하게 눈썹 지켜 세워 응대하지만, 아이들을 위해서는 기꺼이 머리 숙여 아이들을 위한 소가 되리라"(橫眉冷對千夫指, 俯首甘爲孺子牛)라고 굳게 맹세했던 자세와 일맥상통하고 있다. 이처럼 이민환은 젊은 세대에 희망을 걸고 모든 노력을 경주했던 지식인적 자세를 저버리지 않았다.

이상으로 살펴본 자암 이민환의 전기적 생애를 통해 알 수 있는 것은 아버지 이광준, 형 이민성과 함께 삼부자가 의성에서 문풍을 새롭게 진작한 주역자이며, 퇴계의 수제자인 김성일, 류성룡, 장현광 등으로 이어지는 영남학파의 정통 학맥 계승자로서 자신이 옳다고 생각하는 일에는 기개를 굽히지 않았던 진정한 지식인이었다는 점이다. 또한 그는 조선이 처한 현실에서 자신이

정치적인 좌절을 겪으면서도 향후 조선이 어떻게 살아남을지에 대한 진정한 대책을 마련했던, 나라를 생각하는 강직한 성품의 선비였다. 그는 항상 조선의 현실과 그 안에서 살아가고 있는 백성의 입장에서 발언하고 행동하였으며, 정의롭지 못한 것은 반드시 정의롭지 못하다고 거침없이 말하고 옳지 않은 것을 고치기 위해서 몸을 아끼지 않은 사람이라고 평가할 수 있다.

주

1) 『자암집』, 권7, 「연보」, 46세(무오)조.

2) 『敬亭集』, 권4, 「與舍弟相見, 悲喜不自勝, 賦此以志之」.

3) 우인수, 「자암 이민환의 시대와 그의 현실대응」, 『동방한문학』 제34집, 55쪽.

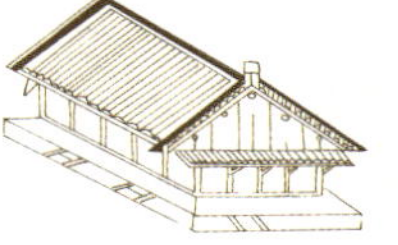

# 제3장 자암가를 빛낸 사람들: 역사를 보듬고 실천하는 지식인의 양심

# 1. 조선의 가장 뛰어난 리얼리스트 문학가: 경정 이민성

경정敬亭 이민성李民宬은 이민환의 형이다. 이민성은 1570년 산운마을에서 태어나 1629년 60세로 세상을 떠났다. 그는 아버지 이광준의 둘째 아들로 태어나 바로 밑의 동생 이민환과 함께 산운마을이 영남의 명문가 반열에 오르게 한 주역이다. 이민성은 어릴 때부터 총명하고 영특하여 7~8세부터 이미 글을 이어 지을 줄 알아 사람을 놀라게 했다고 한다. 그는 단정한 행실과 침착한 성격으로서 일찍이 가학으로 공부하다가 학봉 김성일 문하에 아우 민환과 더불어 들어가 학문을 배웠고, 뒤에 한강 정구, 여헌 장현광 문하에 나아가 학문을 깊이 배웠다. 이민성을 아는 사람들은 모두 그가 크게 뜻을 펼칠 것이라고 기대하였다. 하지만 그는 권세와 이익 있는 곳에서는 항상 겸손하게 뒤로 물러났다고 한다. 그는 책을 보고 시를 읊조리는 것으로 일을 삼아 평생 저술과 시 창작에 몸을 바쳤다. 그는 경전을 깊이 깨닫고, 역사서, 제자백가서를 두루 섭렵하였을 뿐만 아니라 특히 시문에 출중하여 후대에 문학가로서 큰 이름을 얻었다. 한마디로 그의 덕은 상대방을 압도할 수 있는 아량이 있었고, 그의 재주는 세상을 경륜할 수 있는 깊이가 있었으며, 그의 글은 나라를 빛낼 수 있는 문기가 있었다. 그는 아우 이민환과 마찬가지로 현실과 유리된 학문을 하지 않고 항상 백성들 편에 서서 백성들을 공경하며 사적인 이해관계에 휘말리지 않고 공정하게 일을 처리하고 세상에 이바지하려고 하였던 지식인이었다. 그의 작품들은 두보의 시처럼 현실생활의 부정적인 측면을 비판하는 사회사로서의 뛰어난 가치와 예술적 매력을 지니고 있다. 이런 점으로 인해 북한에서 출판된 『조선문학개관』에서는 조선의 현실생활에 착근하여 시대현실의 부정적인 측면을 폭로 비판한 대표적인 한시 작가로서 이민성을 높게 평가하고 있다. 또한 한국에서도 『한국문학통사』를 지은 조동일 등의 학자가 이민성은 한문학의 새로운 방향을 개척하기 위해 노력한 시인으로서 그의 시는 중세에서 근대로의 이행기의 신선한 모습을 보여 주고 있으며 조선 후기 실학파 문학의 단초가 되는 중요한 위치를 차지한다고 평가하고 있다.

그는 28세 때인 1597년(선조 30)에 정시문과 갑과로 급제한 후

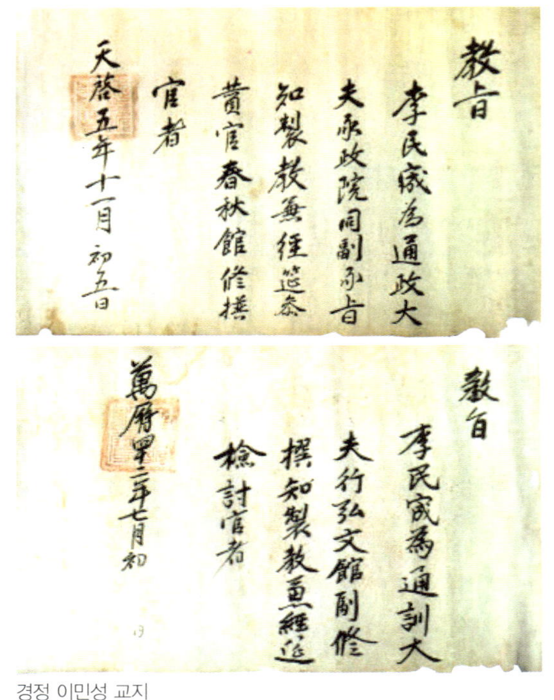
敎旨
李民宬爲通政大
夫承政院同副承旨
知製敎兼經筵參
贊官春秋館修撰
官者
天啓五年十一月初五日

敎旨
李民宬爲通訓大
夫行弘文館副修
撰知製敎兼經筵
檢討官者
萬曆卅三年七月初
日

경정 이민성 교지

에, 정언正言, 박사博士, 사서司書, 설서說書, 전적典籍, 사성司成, 주청사서장관奏請使書狀官, 좌랑佐郞, 정랑正郞, 제주점마어사濟州點馬御使, 호당湖堂에 올랐으며, 교리校理, 지평持平, 장령掌令, 주문사서장관奏聞使書狀官, 동부승지同副承旨, 좌우승지左右承旨, 형조참의刑曹參議에 이르렀다. 그는 문장과 학문뿐만 아니라 관직생활을 통해 대의명분에 입각한 정치를 할 것을 주장하여 절의가 높았고, 일상생활 속에서는 항상 백성들의 삶의 아픔과 함께한 너무나 인간적인 휴머니스트였고 개방적인 합리주의자였다.

36세 때인 1605년(선조 38)에 조정에서 공론을 받아들여 이민성을 이조정랑으로 제수하려 하였으나, 북인들이 반대하여 그를 제주점마어사로 보내자 그를 아끼는 모든 사람들이 험한 바닷길을 걱정하였다. 그러나 그는 태연히 웃으면서 "발을 남해에 씻고 옷을 한라에 말리면 이 또한 남아의 일대쾌사가 아닌가?"라고 하면서 기꺼이 떠나 두 달여 만에 일을 마치고 돌아오니, 일송一松 심희수沈喜壽가 "그의 충신은 관료들 중에 으뜸이요, 그의 문장은 한 시대의 호걸이다"(忠信千官表, 文章一代豪)라고 하였다.

이 당시 조선 조정이 정치적인 명분에 따라 당쟁에 시달리면서 조용하지 않아 그는 벼슬길이 즐겁지 않았다. 그래서 아우 이민환과 함께 관직을 그만두고 고향 산운마을로 내려오자 오봉五峯 이호민李好閔이 시를 주면서 전별하였는데, 이민성 · 이민환 형제를 한나라 선제 때 소광疏廣 · 소수疏受 두 사람이 관직을 사퇴하고 고향으로 돌아간 것에 비유하였다고 한다.

1613년(광해군 5) 이민성의 나이 44세 때에 광해가 폐모살제廢母殺弟하는 비인륜적 잘못을 저지르자 그는 "국가가 불행하여 반역의 변란이 밖에서 일어나고 안으로는 무고가 일어나, 사람들의 고통과 인륜의 변고가 실로 이전에 없었던 일입니다. 반역을 성토하는 정의로움은 엄정하지 않을 수 없으며 변고에 대처하는 도리 또한 다하지 않을 수 없습니다. 진실로 이 두 가지에 대하여 털끝만한 미진함이라도 있으면, 왕의 법도도 행해지지 않고 인간의 도리도 사라지게 됩니다. 이 때문에 변함없는 전하의 효심도 천고에 없는 변을 당했습니다. 한 나라의 신하로서 전하께 바라는 것이 어찌 옛 성인의 도를 오늘의 법으로 삼는 일이 아니겠습니까?"라고 하면서 반대하였다. 반대한 대표적인 사람은 영남 남인 계열의 선비들로서 이민성과 우복愚伏 정경세鄭經世, 동계桐溪 정온鄭蘊, 완정浣亭 이언영李彦英 등 여덟 명이었는데, 사람들이 그 절의가 높다하여 팔학사로 불렀다고 한다. 그 다음 해 1614년 광해군이 생모를 추존하고 여러 신하들에게 축하를 받는 자리를 가졌는데, 그는 여기서 "추숭追崇이 예에 어긋나는데 여러 신하들이 바로잡아드리지 못하니 진실로 신하들의 죄이다"라고 탄식하면서 축하 대신에 "아들에게는 원수의 어미가 없고 어미는 아들로써 귀하게 된다"(子無讐母, 母以子貴)라는 말을 써서 풍자하였는바, 마침내 이이첨 등 북인에게 삭탈관직당하고 산운마을로 돌아와 8년간 자연과 더불어 학문에 전념했다. 54세에 인조반정이 일어나고 난 뒤에 그는 조정으로 복귀했다.

그는 1602년 33세 때 세자 책봉을 청하는 외교사절단의 서장관으로 명나라에 다녀왔고, 인조반정이 있었던 1623년 54세에 인조반정이 일어난 사실을 명나라에게 알리고 인조의 즉위를 승인받기 위한 사절단의 서장관으로 명나라에 갔다 오면서 국제적인 감각과 다양한 견문을 익혔다. 광해군이 비록 '폐모살제' 등의 도덕적 패륜 행위를 자행한 것은 사실이지만, 신하 된 처지에 쿠데타를 일으켜 임금을 폐위시킨 행위 또한 명분적으로 쉽게 정당화될 수 없었기 때문이다. 이때 사절단은 배를 타고 명나라에 오갔다. 중국으로 갈 때 한번은 큰 파도를 만났는데 뱃사공들이 모두 손을 모아 하늘에 빌면서 당황하였지만, 그는 반드시 정좌하고 움직이지 않았다고 한다. 또 조선으로 돌아올 때도 커다란 고래를 만나 파도가 일어 배가 뒤집힐 뻔하였는데, 그는 태연히 뱃머리에 앉아 시를 지었다고 한다. 그가 지은 시를 읊조리자 날뛰던 고래가 스스로 잠잠해졌고 파도가 잔잔해졌다고 한다. 모든 주위 사람들이 놀라면서 그의 시를 한유의 「축악어문逐鰐魚文」에 비유하였다고 한다. 이는 이민성의 침착한 성격과 대범함을 알 수 있는 일화이다. 이 당시 북경에서는 '조선이 반정하던 날에 일본군을 끌어들여 궁궐에 불을 질렀으며, 광해군을 포박하여 불에 태웠다' 는 유언비어가 돌고 있었다. 그는 명나라 황실에 글을 올려 "옛 임금을 포박하여 불 속에 던졌다고 말하니, 아! 어찌하여 이렇게 말하는가? 거리의 보통 남편과 아내의 생사도 감히 숨길 수 없는 일인데, 폐군이 비록 덕을 잃고 무도하여 하늘의 자리를 보존할 수 없었다고 하더라도 대비 입장에서 보면 대비의 아들이고, 신하들의 옛 임금입니다. 감히 이러한 말을 하여 어찌 시역弑逆의 오명을 씌워 조선을 짐승의 나라로 만들려고 하시는지요. 이런 말을 하는 사람이야말로 어질지 못한 이가 아니겠습니까? 어찌 차마 이렇게 하겠는가?" 라고 진실하게 변론하자, 명나라 조정에서 오해가 풀렸다고 한다.

조선 사신단의 모든 글은 이민성이 도맡아서 작성하였고, 중국에서는 이민성을 문장의 대가라고 하며 칭송을 아끼지 않았다. 이런 소문을 듣고 그 당시 요동지방에서 문장으로 이름을 떨치던 청천晴川 오대빈吳大斌이 이민성을 찾아와 시를 주면서 화답시를 구했다. 이 당시 오대빈 문하에서 공부하면 등용문에 오른다고 할 정도로 오대빈은 학문적 능력과 문장력이 탁월하였다. 이민성이 그의 시에 화답하니 오대빈은 놀라면서 "가슴속에 아름다운 덕을 숨겨 놓지 않았다면, 이토록 입으로 구슬 같은 아름다운 언어를 표현하지 못할 것이다. 지금 중국의 사대부에게 보여 주더라도 모두 옷섶을 여미고 탄복하리라. 우리 중국에 이 같은 시인이 몇이나 있겠는가? 당신을 마주 대하고 있다고 해서 치켜세우는 말이 결코 아니다"[1]라고 감탄하였다고 한다. 중국에서 그는 북경에 있던 조선 사신의 숙소인 옥하관에서 독서를 하다가 「독서유감讀書有感」이란 제목의 시를 지었다.

인생 말년에 항상 성현을 스승 삼아  
숲 아래에서 독서하며 여생을 보내려고 했네.  
세상일 십중팔구 뜻대로 되지 않아  
매번 사람의 능력에서 백배 천배 되는 어려운 일을 당하네.  
북학의 연원은 마땅히 유래가 있을 것이니  
조선으로 돌아온 의발은 어찌 전해진 것이 없는 것일까?  
등용문의 여운으로 장차 다스려질 듯하니

아교를 녹여 끊어진 현을 다시 이어야 하리.

末路期期師聖賢　讀書林下送殘年
不如意事什常八　每見人能百倍千
北學淵源應有自　東歸衣鉢豈無傳
龍門餘韻如將理　爲擬煎膠續斷絃

그 당시 이 시를 읽은 중국의 학자들이 깜짝 놀라며 말했다. "이태백이 살아 돌아온 것 같소. 우린 선생을 이적선李謫仙이라 부르겠습니다." 이민성은 중국에서 많은 학자들과 더불어 시를 주고받았는데, 아름다운 언어와 건강한 문장의 힘이 중국 지식인들을 찬탄케 하였다. 중국인들이 모두 그를 공경하여 이태백으로 일컬었으니 그의 이름이 천하에 알려졌다. 이 「독서유감」에는 '북학의 연원은 마땅히 유래가 있을 것이다'(北學淵源應有自)란 표현에서 '북학北學'이란 단어가 나온다. 이민성에게 북학의 의미는 윤리 도덕적인 측면에서 성현들의 가르침을 지칭하는 뜻이다. 『맹자孟子』의 「등문공장구상藤文公章句上」에 나오는 말로, 남만의 지식인이 주공과 공자의 도를 흠모해 북으로 중국에 가서 배운다는 의미로 사용되었다. 1778년 박제가가 이 부분을 인용하여 중국의 선진 문물을 배울 것을 주장한 자신의 저서 제목을 『북학의北學議』라 이름한 이후, 북학은 청나라에 남아 있는 중화의 선진 문물을 배운다는 의미로 널리 사용하게 된다. 무려 150

년 전에 이민성이 북학이란 말을 처음 시에 쓴 셈이다. 이 시에서 물론 북학의 의미가 이후 북학자들이 말하는 이용후생利用厚生을 슬로건으로 민생 문제의 해결에 기본적인 핵심이 있는 것은 아니다. 이민성의 북학의 의미가 성인들의 윤리도덕을 배우려는 전통적인 것이었다 할지라도 이민성은 동생 이민환과 함께 사실상 후일 조선 실증주의 정신을 이끈 선구자 격인 지식인이었다.

중국을 두 차례 다녀온 외교관이었던 그는 세계의 다양한 나라와 인종, 동식물 등 다채로운 모습을 습득하면서 윤리도덕만을 강조하는 전통적인 유학자의 자세에서 벗어나 합리적이고 국제적인 감각을 지닌 글로벌한 지식인으로 거듭났다. 중국에서 낯선 외국인을 보면서 세계의 넓음을 이해하며 그 모습을 수많은 시로 남겼다. 터번 복장을 한 이슬람인을 보고서는 "머리를 온통 비단으로 칭칭 감고, 양쪽 귀에는 무거운 귀고리 늘어뜨렸네"(裹頭全疋帛, 垂耳兩重環)라고 적었고, 태국인에 대해서는 "승려복만으로 몸을 가리고, 무릎 꿇어 절하는 것이 제사를 지내는 듯하네. 말 통하기 어려운 것 괴이할 것 없지만, 글로 통하지 않는다는 것이 안타깝구나"(袈裟惟蔽體, 拜跽尙隨臚. 莫怪難通話, 憐渠不識書)라고 하였으며, 지금의 일본 오키나와 현에 속하는 유구국琉球國에 대해서는 "대만과는 하늘과 땅처럼 다른 나라이지만, 중국의 제후국 위상을 지닌 것은 대만과 비슷하다. 성정을 균등하게 부여받은 인간이라 할지라도, 중국과 언어가 통하기 어려운 것을 괴이하게 여기지 말게나"(華嶼乾坤別, 箕封雨露同. 性情均所賦, 休怪語難通)라고 읊었다. 이민성은 조선에서 볼 수 없었던 낙타, 코끼리 등을 보고서도 신기한 듯이 시로 기록하고 있고, 북경에서 지진을 만난 자연현상도 빠짐없이 시로 표현하고 있다. 이처럼 세상에 대해 세밀하고도 성실한 관찰자적인 시선으로 바라보고 기록한 그의 시들은 한 편의 세계에 대한 이해서라고 할 만한다. 이를 통해서 그의 사유는 도덕윤리의 한 측면에서 구속된 것이 아니라 실증적인 방향과 글로벌한 인식으로 탈바꿈하는 계기가 되었을 것이다. 현실과 유리된 관념론적 철학이 판을 치던 조선 중기에 그가 이런 시들을 쓰고 기록했던 것은 새로운 문명사의 도래를 무의식적으로 예견하고 있었던 지식인의 운명 때문이 아니었을까 생각해 본다.

북경에서의 재미있는 에피소드를 하나 소개해 보자. 조선에서 화천花川 조즙趙濈이 동지사冬至使로 북경에 와서 이민성의 주문사奏聞使 일행과 합류하였다. 이때 어느 날 여관에서 소일거리로 조즙이 해학시를 한 수 써서 이민성에게 보냈다. 말인즉슨, 당시 조즙은 눈병이 났는데 약을 발라도 소용이 없자, 속설에 눈병을 낫게 하려면 여인이 가슴을 풀어 젖을 짜서 직접 눈에 넣으면 좋다고 하니 자신이 이를 넣어 보고 싶다고 시에다 적었다. 여인이야 도처에 널려 있어도 가슴을 빌려 줄 이가 없어서 고민하고 있다는 장난스러운 내용이었다. 이민성은 "하느님께서 여색을 좋아하는 그대에게 진노하여 눈이 침침하고 두 눈에 기름이 달라

붙어 있는 듯한 눈병을 주었다.” “북경으로 오는 길에 화장한 아리따운 여인네가 많아서 생긴 병이라네. 그대의 병은 스스로 끌어들인 것이지 남 탓이 아닐세.” 따라서 “여인네의 젖가슴만 생각하다간 눈병만 더하게 될 것이다”라고 재미있게 쏘아붙였다. 그러자 두 살 더 많은 조즙이 뿔이 나서, “여인을 생각하는 것은 인간의 본성이라, 본성을 억누르면 병이 더하게 되는 게 아니냐”는 식의 반박시를 재차 보냈다. 이에 대해 이민성은 “입에 쓴 것이 병에 좋다고 하였는데, 약을 먹을 때 머리가 아찔할 정도가 되어야 낫는다”라고 하면서 “불교에서는 공이 색이고, 색이 공이라고 하였으니, 공과 색은 다른 것이 아닐세. 아리따운 미인이 사람을 해치고, 웃음 속에 칼이 있어 눈동자 속에 감추어 있다는 것을 깨닫지 못하는가?”라고 응수하면서 “선비의 욕심이여! 백성들을 빨아먹는 벌레로다. 아! 안타깝게도 병이 무서워 의사를 피하는구나”라고 조즙에게 한 방을 날렸다. 그러자 마침내 조즙이 항복했다는 재미있는 이야기이다. 이처럼 조선의 지식인들은 폭넓은 교양과 지식으로써 우스갯소리도 격조 높게 하면서 한바탕 즐겼다는 것을 알 수 있다. 그러나 현대 지식인들은 자신의 전공분야에 빠져 허우적대고 있는 것은 아닌지 반성해 볼 일이다.

조즙은 이민성의 사람됨을 이렇게 평가하고 있다. 경정 이민성은 “책을 보면 곧장 그것을 외었고, 글씨를 쓸 때에는 거침이 없었지. 범중엄같이 부추와 죽을 먹는 가난 속에 자랐고, 한유처럼 밤새는 것을 모르고 공부했지. 용이 몸을 두르고 있는 것은 기회를 기다리는 것이고, 자벌레가 몸을 굽힌 것은 다음에 더 크게 펴기 위함일세. 십 년 동안 고향 산운마을에 은거하였고, 오십 년 세월 궁핍하게 지내왔도다. 충성스럽고 온화한 마음은 늘 뱃속에 가득하고, 치우친 말은 입에도 담지 않았다네."(窺編卽便誦, 走草不加呻. 文正虀兼粥, 昌黎夜繼晨. 龍蟠方有待, 蠖屈以求伸. 家食三千日, 途窮五十春. 中和藏滿腹, 詖辟斷諸脣.)

이민성은 1,300여 수의 시를 남긴 조선의 대표적인 글로벌 시인이다. 그는 시인으로서의 기본적인 자질인 아픈 이의 고통을 함께하고 있다. 그의 대표적인 시 중에 하나인 「봉산 동촌에서」(宿鳳山東村)란 시의 일부분을 보자.

일흔이 넘은 꼬부랑한 늙은 할머니
나보고 한숨 지며 눈물 섞어 하소연하네.
"지난해 외동아들 군사로 뽑혀 갔소
총을 메고 요동으로 건너갔는데
거기서 우리 군사 모조리 죽었다 하니
어느 싸움터에 백골로 묻혔는지
이 늙은 게 혼자라면 벌써 죽었으련만
어린 손자 놈을 맡겨 둘 데 없구려.
지난겨울 말 탄 병정 수백이 달려와

겁탈해 가는 것이 적병보다 더했수다.
간장독 장단지 다 긁어갔으니
양식인들 한 알이나 남겨 뒀겠소.
도토리 산나물로 겨우 연명해 가니
이제는 몸뚱아리 가눌 맥도 없다오.
목숨이 모질어 죽지 못해 살지만 죽느니만 못하지
차라리 죽었으면 근심 걱정 없을 걸."
七十老嫗膝過肩, 見客咿嚘泣且訴.
一子年前屬右營, 身充火手渡遼去.
全師覆沒無得脫, 戰骨沙場收底所.
老身單獨與死伍, 抱持幼孫無置處.
前冬戍兵數百騎, 劫掠村閭甚於虜.
缾缸一空菹醬竭, 遺資敢望留筐筥.
數口充糊雜橡菽, 四支羸困難掉擧.
頑命雖存不如死, 死後更有何思慮.

조선시대 대표적인 서사시인 이 시는 후금에서 풀려난 아우 이민환을 만나기 위해 가는 길에 황해도 봉산마을을 거칠 때 적은 것이다. 이민성은 민중들의 고통스런 현실을 직접 표현하기보다는, 일흔이 넘은 꼬부랑 할머니를 등장시켜 후금과의 전쟁으로 인해 수탈당한 민중들의 상처와 관리들의 횡포 그리고 전쟁의 비인간성을 담담하면서도 적나라하게 표현하고 있다. 이 시는 흡사 두보의 서사시 「삼리三吏 · 삼별三別」을 보는 듯한 착각을 불러일으킨다. 이런 점에서 그는 당대 조선에서 관념론적인 도덕윤리에 얽매여 민중들의 삶을 제대로 살펴보지 못했던 내면지향적인 지식인의 유형에서 벗어나 현실의 불합리함과 부정적인 측면을 비판하는 살아 있는 지식인이었다고 할 수 있다. 이민성은 그야말로 전쟁과 관리들의 부정부패로 신음하는 민중들을 향해 초지일관 따뜻한 시선을 간직하며 그 참상을 고발하였던 조선의 아름다운 리얼리스트였다. 하지만 이 위대한 대시인은 당대의 명성이나 활약, 그리고 놀라운 시적 재능을 생각할 때 이상하리만큼 외면당한 채 묻혀 있는 실정이다.

당시 조선에서도 그의 문학적 명성은 대단했다. 당시 시인인 수색水色 허적許樀은 그가 청년 시절인 26세에 지은 작품 「봉황래의부鳳凰來儀賦」를 보고 "예술적 능력이 최고의 경지에 이르니 일세 동안 볼만한 것이 없다가 이 부를 보게 되었도다. 나 같은 사람은 그중에 한 구절도 지을 수 없다"라고 감탄하였다고 한다. 또한 조선 중기의 삼절三絶로 손꼽히는 문장가 간이簡易 최립崔岦(1539~1612)은 이민성의 시 「타맥사打麥詞」(보리타작 노래)에서 "마음이 바빠서 굶주림과 목마름은 돌아볼 겨를도 없고, 자루 속 그릇 속엔 반쯤 흙만 가득하네"(心忙不暇戀飢渴, 橐底壺殖半成土)라는 마지막 구절에 이르러 감탄하면서 "글의 힘이 아름답고 강건하니 지금 사람의 입에서 나오는 기운이 아니도다. 옛사람의 문집에서도 흔하지 않은 표현이다"라고 말하였고, 나중에 다시 이 시를 읽고는 "생각지도 못했는데, 경정의 문장이 이 경지까지 갔구나"라고 탄복했다고 한다. 이런 이민성을 현대적인 시선으로 제대로 복원하는 작업이야말로 과거를 현재화하고, 과거의 위대한 시인을 역사 속에 살아 있는 인물로 바라보며, 전통적인 유산을 글로벌화하는 지름길이라 생각된다.

그의 나이 58세 때인 1627년 봄 정묘호란이 일어나자 좌도의 병대장에 천거되어 전주로 가서 왕세자를 보호하는 일을 맡았다. 후금과 형제의 맹약을 맺는 강화를 한 뒤에는 강화도에 있었던 인조를 모시고 조정으로 돌아왔다. 그해 4월 그는 모든 관직을 사직하고 산운마을로 돌아왔다. 조정에서는 좌승지, 우승지, 형조참의에 거듭 제수하였으나 그는 모두 사양하고 나아가지 아니하였다. 60세인 1629년 7월 그는 빙계서원에서 열린 여헌선생의 강회에 참석하였다가, 8월 15일 북경에 사신으로 갈 때 생긴 부스럼이 퍼져 자리에 누운 뒤 빙월당氷月堂에 쏟아져 내리는 달빛이 환한 밤에 눈을 감았다. 그가 남긴 『경정집』 20권은 주옥같은 홍미롭고 다채로운 주제의 시문을 담고 있으니, 한국 한문학에 보배가 되고 있다. 후일 의성 장대서원牆待書院에 그의 위패를 봉안하였으니, 그 상향축에 이르기를 "학문은 하늘과 사람을 꿰뚫었으니 영원한 우리들의 스승이로다"(學貫天人, 百世師宗)라고 하였다.

## 2. 백성의 아픔과 함께하는 휴머니스트: 삼조의 명신 형조판서 운곡 이희발

운곡雲谷 이희발李羲發(1768~1849)은 자암 이민환의 6대손으로 현재 울산지역에 속하는 학성鶴城 화산華山의 외가에서 부친 이의명李宜明과 모친 파평윤씨 사이에서 태어났다. 그의 호 운곡은 구름 낀 산운마을에서 따온 것이다. 어머니 윤씨가 친정에 가서 있을 때, 꿈에 어떤 신인神人이 나타나서 노란 꽃(黃花) 하나를 주었는데 그 꽃을 가슴에 품는 태몽을 꾸었다고 한다. 『맹자』(「진심장구 하」)에 따르면 성인으로서 그 경지를 헤아릴 수 없는 무한한 사람을 신인이라 하는바, 이 태몽은 뛰어난 성인이 꽃 한 송이로 표상되는 인재를 품에 안겨 주었다고 해석할 수 있을 것이리라. 이희발은 나중에 희정僖靖이란 시호를 하사받았는데, 마음이 조심스럽고 정중하며 신중한 것을 '희僖'라 하고, 너그럽고 즐거워하여 제명대로 편안하게 살다 죽은 것을 '정靖'이라 한다.

이희발은 태어날 때부터 골격과 생김새가 보통 아이들과 달리 비범하였다고 한다. 그는 일곱 살 때부터 글을 배우기 시작했다. 이때부터 세계와 사물을 관찰하고 파악하려는 열성도 대단하였고, 한 번 보고 들은 것은 반드시 기록하려는 습관이 몸에 배어 있었다. 이는 이민환과 이민성이 자기가 보고 들은 것을 꼭 기록하여 후대에 남겼던 가문의 지식인적인 전통에 말미암은 것이라고 할 수 있다. 또한 가문의 전통답게 정의롭지 못한 것에 대해서는 행동으로 저항하려는 실천적 의지 또한 대단하였다고 한다. 아홉 살 때 한번은 관리들이 산운마을에 찾아와 부당한 세금을 추징하자 어린 나이에 그는 그 관리 앞에 떡 버티어 서서 표정조차 흩트리지 않고 있었다고 한다. 어리지만 어찌나 당당하게 서 있던지 관리는 그 기세에 압도당해 결국 물러났다는 이야기가 산운마을에 전해 온다. 또한 그는 지극한 효성으로도 마을에 소문이 자자하였다고 한다. 그가 어렸을 때 어머니가 부스럼 병이 심하였는데, 그는 정성을 다한 채 몇 달 동안 곁을 지키며 병간호를 하였다. 그리고 어머니에게 식사를 올릴 때마다 번번이 어린 아우를 데리고 나가서 동생이 수저로 어머니의 식사를 방해하지 못하게 하였다고 한다.

12세 때 그는 아버지의 명으로 경주 하곡霞谷의 남와南窩 정동필鄭東弼 문하에 나아가 본격적인 학문 수업을 하게 된다. 이 기간 동안 그는 사서삼경은 물론이고 성리학의 기초를 이루는 주돈이周敦頤, 장재張載, 정호程顥, 정이程頤, 주희朱熹 등의 저서를 독파하였다. 그를 여러 각도에서 시험하고 관찰한 정동필은 "그의 문학적 재능은 천성적이라 할 수 있고, 후일 반드시 큰 그릇이 될 아이이다"라고 칭찬하였다.

하곡에서 돌아온 후 그가 한참 공부를 할 때는 산운마을에서 그다지 멀지 않은 수정사에 서적을 싸들고 들어가 피나는 각고의 노력을 경주하였다. 수정사에서 밤늦게까지 공부할 때는 잠을 깨우기 위하여 상투를 천정에 매어 달았다는 이야기와 몇 달 동안 대소변보는 것 이외에는 시간이 아까워서 일절 문밖을 출입하지 않고 열심히 공부하자 수정사의 스님이 "내가 이 절에서 공부하는 사람을 많이 봤지만 아직까지 그대처럼 단정하게 앉아서 공부하는 사람을 본 적이 없다. 그대는 참으로 군자다운 풍모를 지녔다"라고 말했다는 일화는 수백 년이 지난 뒤에까지 전해질 정도이다. 1789년 그의 나이 22세 때에 잠시 성균관에서 수학한 적이 있었다. 한양 친구들이 잡극雜劇으로 그를 억지로 초청하자, 이희발은 손사래 치며 "나는 부모의 명으로 이곳에 와서 글공부를 하기 때문에 천리 밖으로 사람들을 따라가서 즐겁게 놀 겨를이 없네"라고 하였다. 이처럼 그는 천성적인 타고난 재능의 바탕 위에 노력파적인 기질로써 스스로를 다듬어 나간 인물이라 할 수 있다. 그의 이러한 노력은 헛되지 않아 1795년(정조 19) 그의 나이 28세 때에 문과 대과에 급제하였다. 이즈음에는 영남학파의 남인들이 완전히 몰락한 때였기에 과거에 응시하여 합격했다는 사실 그 자체가 영남에서는 대단한 일이었다. 그는 급제한 후에 잠시 동안 승문원承文院을 거쳐 규장각 초계문신抄啓文臣으로 특별히 발탁되어 약 6년에 걸쳐 현실을 개혁하려는 학문에 힘을 바쳤다.

초계문신이란 정조가 자신의 개혁을 뒷받침할 젊은 정치 세력을 육성하기 위해 새로 만든 제도로서, 과거를 거친 사람 가운데 당하관堂下官 출신으로 37살 이하의 문학에 특별한 자질이 있는 젊은 인재를 뽑아 규장각에서 1개월에 2회의 강경講經과 1회의 필답고사인 제술製述로 성과를 평가하던 것이다. 정조가 친히 강론에 참여하거나 직접 시험을 보아 채점하기도 하였다. 초계문신이 되면 원래 맡았던 업무를 면제받고 40세가 될 때까지 규장각에서 연구에만 전념하고, 초계문신들이 40세가 되면 졸업하여 익힌 것을 현실에 응용하여 국정에 적용하였다. 정조는 규장각에 힘을 실어 주기 위하여 당대 최고의 젊은 인재들을 초계문신으로 발탁하였을 뿐만 아니라, 아무리 관직이 높은 신하라도 함부로 규장각에 들어올 수 없게 함으로써 외부의 정치적 간섭을 배제하였다. 정조는 이러한 초계문신 제도를 통해 개혁정치를 추구하였다.

인물은 시대가 만든다고 했는가? 이희발이 급제할 당시 임금은 역대 군왕 중에서 학문을 가장 좋아했던 정조였다. 특히 정조는 기호학파 중심의 노론 때문에 죽음을 당한 아버지 사도세자의 한을 풀지 못하여 마음 한구석이 텅 빈 채 생활하고 있을 때였으므로, 영남 출신의 지식인을 만나는 것을 좋아하였다. 이 같은 정조였으니 혈기왕성하고 정의감에 충실한 이희발을 높게 평가하여 규장각 초계문신으로 발탁한 뒤 학문적으로 개혁에 대한 기획을 하도록 하였다. 그에 대한 정조의 총애는 남달랐다. 이희발 등 초계문신들은 학문을 좋아했던 정조를 모시고 매일 리기론理氣論, 인심도심론人心道心論, 체용본말론體用本末論 등 철학적 문제를 강론하였는데, 그때마다 정조는 이희발의 학문이 밝고 의리가 분명하니 장차 기대함이 크다고 칭찬하였다. 또한 중국어 학습서인 『노걸대老乞大』를 공부한 적이 있었는데, 다른 초계문신들은 한문의 문법과 달라 상당히 어려워했지만 이희발은 『노걸대』를 완전히 독파하여 막힘이 없었다고 한다. 정조는 다방면에서 총명하고 근면한 그를 칭찬하였다. 따라서 정조는 대궐 안에 잔치가 있을 때마다 특별히 그에게 푸짐한 음식을 선사하곤 하였다. 한번은 정조가 재미 삼아 초계문신들을 골탕 먹이기 위해 아주 어려운 운자를 내어 주고 시를 짓게 하였다. 다른 신하들은 저마다 궁색하게 시를 지었으나, 이희발은 백지를 내었다. 정조가 그 이유를 묻자, 그는 "전하께서 내신 운자의 뜻을 모르는데 어찌 시를 지을 수 있겠습니까" 하고 대답하였다. 이 말을 들은 정조가 『논어』에서 ‘아는 것을 안다고 하고 모르는 것을 모른다고 하는 것이 진정 아는 것이라’ (知之爲知之, 不知爲不知, 是知也)고 하였는데, 이희발은 진정 배움을 아는 자로서 자신을 속이지 않고 왕을 속이지 않는 그 마음 심성은 곧고 바르니 가히 영남인의 정신이 살아 있는 사람이라고 하면서 그를 합격권에 넣었다는 일화가 있다.

이희발이 중앙정계에 진출한 지 오 년째 되는 해 1800년, 그를 총애하던 정조가 독살에 가까운 급서를 하자 순조가 즉위하였

희정공 이희발 시호 교지

教旨
資憲大夫刑曹判書兼
知義禁府事五衛都摠
府都摠管李義發
贈諡僖靖公者 小心恭愼曰僖 寛樂令終曰靖
同治十一年三月 日

고, 뒤를 이은 헌종도 그의 학문과 인격을 존중하여 그를 중용하였다. 그는 초계문신에 이어 예조좌랑, 병조좌랑, 사간원 정언, 사간, 사헌부 지평, 장령, 승정원동부승지, 대사간, 병조참판을 거쳤으며, 외직으로는 영해寧海·영월寧越 부사, 한성좌우윤漢城左右尹을 거쳐 형조판서刑曹判書로 벼슬을 마감하였다. 그는 80세 때 조선시대에 연로한 고위 문신文臣들을 예우하기 위해 설치한 국왕의 자문기구인 기로소耆老所에 들었다. 그는 정조, 순조, 헌종 3대 임금을 모시면서 학자로서, 정치가로서 또는 목민관으로서의 삶을 충실하게 살았다. 그는 삼조三朝를 섬긴 명신이었다. 그는 82세 때 형조판서로 제수되었지만 병을 이유로 사직을 청하는 상소를 올렸다. 그 당시에는 세도정치가 성행하던 때로 영남 출신 남인학자에게 현직 형조판서직을 제수하였다는 것은 이희발의 학문과 덕망의 깊이와 관리로서의 공평무사한 원칙을 인정했기 때문일 것이다. 이듬해 그는 83년의 천수를 누린 후에 금성산 자락에 묻혔다.

그가 관리로서 내직에 있을 때는 농민에게 토지에 세를 부과하여 수취하는 전정田政, 농민을 주 대상으로 하여 군포를 징수하는 군정軍政, 환곡을 분급하고 징수하는 환정還政의 부조리한 실태와, 과도한 세금 및 부역에 시달리는 백성들의 상황과, 돈을 주고 벼슬을 사고파는 매관매직의 부정부패를 척결하여 국정을 쇄신해야 한다는 상소를 거듭 올렸다. 그는 이처럼 백성들의 실생활의 현실을 안타까워했으며, 백성과 유리된 소통 부재의 정치를 비판하였다. 그가 외직인 지방수령직에 부임해서는 이러한 폐단을 혁파하여 관리들의 기강을 추상같이 바로 세웠으며, 백성들의 생업을 보살피는 민생의 생활정치를 실현하는 목민관으로서의 노고를 아끼지 않았다. 1816년 그가 49세 때 영해부사로 부임하였을 때이다. 어업을 주업으로 하는 이곳 백성들의 생활이 형편없었으나 백성들은 과도한 부역과 세금에 시달리고 있었다. 부정부패한 관리들의 행태와 이에 협력하여 자기의 이익을 챙기는 토호세력의 횡포가 말이 아니었다. 그는 어린 시절 산운마을에서 부당한 세금에 맞서 싸웠던 결연한 태도로 관리들과 지방 토호세력을 다스리고 백성들의 부당한 세금과 부역을 덜어 주었다. 이 소식을 듣고 고향을 떠나 유민으로 흘러 다니던 백성들이 돌아오니, 황폐한 해안지방에 인구가 많이 증가되고 활기찬 고장이 되었다. 또 그는 수감 중인 죄인들의 죄상을 다시 조사하여 관리의 횡포와 토호세력에 의해 억울하게 옥살이를 하는 사람을 방면하니 백성들은 훌륭한 목민관을 맞이했다면서 감격하였다고 한다. 그다음에 그는 백성들의 교양수준을 높이기 위해 사람의 냄새가 나는 인문학적인 정치를 시행하였는바, 백성들 사이에 서로 존중하면서 공경을 표현하는 예의를 익히게 하고 경험이 많은 연장자를 존중하여 마을의 여러 일들을 의논하게 하였다. 이처럼 이희발은 인간다운 따뜻한 인정과 열정이 넘치는 휴머니스트이다. 그는 "하늘의 도리는 남는 데서 덜어 내어 모자라는 데에 보태지만, 사람의 도리는 그렇지 않아 모자라는 데서 덜어 내어 남는 데에 바친다"(天之道, 損有餘而補不足, 人之道則不然, 損不足以奉有餘)라는 『노자』의 구절을 가슴 깊이 새기면서, 자신의 고향인 산운마을에서 보고 듣고 몸에 체화되었던 소박한 진리, 즉 자연이 인간을 낳았으니 마땅히 인간은 자연의 도리를 배우면서 닮으려고 노력해야 한다는 것을 삶의 자세로 여겼다. 이것을 현실정치로 풀어 해석하자면, 학자와 정치가로서의 양심은 탐욕을 부리는 극소수의 이익을 대변하지 않고 대다수인 백성들의 이익과 안녕을 위해 일을 해 나가야 한다는 말에 다름 아니다. 그는 자연을 닮은 가장 인간적인 아름다움만이 세상을 구해 줄 것이라는 자세를 시종일관 견지하였다.

1826년 59세에 그는 영월부사寧越府使로 제수되었다. 이곳에서도 그는 백성의 생업을 위태롭게 하는 부당한 세금 및 부역의 폐단을 고치고 난 다음에 백성들을 위한 교육을 중시하였다. 그는 월급을 털어서 양사재養士齋를 지어 어리고 배우고자 하는 젊은이들을 가르쳤다. 백록동규白鹿洞規의 가르침인 다방면의 공부를 의미하는 박학博學, 상세한 질문을 뜻하는 심문審問, 신중히 생각하라는 신사愼思, 분명하게 분별을 하라는 의미인 명변明辯을 청년들에게 강조하면서 강학에 힘써 쇠락해 가고 있는 문풍을 진작시켰다. 이희발의 학문 중시와 청렴강직함은 그 당시 영월의 많은 백성들의 입에 회자되었다. 영월 백성들은 그의 인문학적인 정치를 기리기 위해 공덕비를 세워 이희발 선생의 백성을 사랑하는 마음은 관동에서 으뜸이고, 형제간의 우애는 영남에서 제일이라고 하였다.

그의 나이 80세 때인 1847년(헌종 13)에는 병조참판으로 있으면서 무반가문에서 사대부로 이어진 가문의 전통을 이어받아 국방태세의 중요성을 강조하면서 외침에 대비하였고, 백성들의 언로를 개방하여 백성들의 생활상을 이야기하는 지극히 낮은 목소리가 정치를 하는 윗사람에게 제대로 전달될 수 있도록 방법을 모색하였으며, 아울러 근검절약을 생활화하자고 주장하였다. 이희발의 청렴강직과 근검절약은 타고난 것이었다. 주위의 모든 사람들이 생활에 있어서의 그의 근검함과 청렴함은 옆에서 보기에 민망할 정도였다고 하였다. 그는 한평생 탐욕적인 생활을 싫어하면서 백성들과 함께하는 가장 인간다운 인물이었다고 할 수 있다.

그의 문집으로 『운곡집雲谷集』 22권이 있으며, 특히 그의 『중용강의조대中庸講義條對』와 『주자국조고식朱子國朝故寔』은 왕명에 의하여 편찬된 정조의 문집인 『홍재집弘齋集』에도 수록되어 있다. 『운곡집』 22권은 연보 1권과 목록 1권, 그리고 문집 18권과 부록 2권으로 구성되었다. 서문과 발문은 없다. 1~2권은 시, 3권은 소疏, 4권은 소疏와 의議, 계사啓辭로 구성되었다. 5~6권은 이희발이 각처의 문인들과 주고받은 편지(書)로 구성되었으며, 7권은 서序·기記·발跋이 수록되었다. 8권에는 왕명으로 지은 전傳·설說·찬贊·명銘·전교箋敎·율부律賦·부賦·책策 등이 실려 있는데 대부분 규장각 초계문신 시절 지은 것이다. 9권에는 행장行狀을 수록하였고, 10권에는 행장行狀·유사遺事·묘갈명墓碣名·묘지墓誌·광기壙記를 실었다. 11권에는 상량문上樑文과 축문祝文을 실었다. 12권에는 제문祭文과 뇌문誄文·애사哀詞 등 제문류를 실었다. 13~16권에는 정조의 왕명으로 지은 『중용강의조대中庸講義條對』를 실었으며, 17~18권에는 『주자국조고식朱子國朝故寔』을 실었다. 20~21권은 부록으로 유사遺事·행장行狀·신도비명神道碑銘·시장諡狀·기사첩耆社帖 등을 실었다. 분량에 비해 시詩·서序가 적고, 독립된 저술인 『중용강의조대』와 『주자국조고식』을 문집에 포함시켰다. 정조의 왕명으로 지은 「만덕전萬德傳」은 제주도 기녀 출신으로 당시 제주에 대흉년이 들었을 때 자신이 저축한 곡식을 내어 굶주린 백성을 구휼한 만덕萬德에 대한 전기이며, 각종 상소는 당시 문제가 된 환곡·농정·균역법 등에 대한 것으로 당시 폐정弊政을 어떻게 개혁할 것인가를 서술한 것이라 할 수 있다.

## 3. 암울한 역사에 맞서 싸운 애국지사들과 효자들: 항일투쟁으로 평생을 바친 경산 이태직, 죽사 이숙 등의 저항가들

자암 이민환 집안은 대대로 절의가 높았던 집안이다. 이민환의 후손들은 대의大義 앞에서는 굽히지 않는 신념과 태도를 조상에게 자연스럽게 배워 사람으로서 마땅히 지켜야 할 도리를 행동으로 실천하였다. 그 예를 하나 들어 보자. 1728년(영조 4) 소론과 남인의 일부 세력이 영조와 노론을 제거하고자 했던 반정인 이인좌의 난, 즉 무신란이 일어났을 때였다. 당시 경상도의 의병들에 대한 기록을 모은 책인 『무신창의록戊申倡義錄』의 기록에 따르면, 의성지방에서는 이민환의 증손자인 이수춘李秀春이 의병을 일으키는 격문을 돌리면서 창의의 명분을 밝혔고, 이민환과 이민성의 집안 여섯 종반, 이수태李秀泰, 이수규李秀逵, 이수재李秀載,

이수춘, 이수시李秀時, 이덕룡李德龍이 함께 군문의 여러 직책을 맡아 담당하였을 정도이다. 이를 산운마을에서는 '무신창의戊申倡義 육의사六義士'라고 칭하고 있다. 이러한 집안의 절의 높은 전통을 이어받아 구한말에는 일제에 항거했던 애국지사들이 많이 배출되었다. 이민환의 후손으로서 그 대표적인 인물은 경산耕山 이태직李泰稙(1878~1913)과 죽사竹槎 이숙李淑(1898~1975)이 있다.

이태직은 이민환의 후손답게 성품이 강직하였고, 의로움을 중시하였다. 그는 사소한 일상사나 인간관계에서는 아주 어질고 사람들과 다툼이 없었으나, 대의에는 백절불굴의 기개가 있었다. 맹자의 표현을 빌리면 그의 삶은 한평생 인의仁義의 삶을 살았는바, 그는 사람의 편안한 집인 인에 살고 사람의 바른길인 의를 따르는 대장부의 풍모를 갖추었다. 무릇 대장부란 무소불위의 어떠한 권력도 그를 굴복시키지 못하고, 어떠한 물질적인 부귀도 그를 음탕하게 유혹하지 못하며, 어떠한 빈천도 그의 강고한 의지를 꺾지 못하는 기질을 가진다. 오로지 자신이 옳다고 여기는 바른길을 묵묵히 갈 뿐이다. 이러한 대장부의 삶이 산운마을의 전통이다.

이태직은 1905년에 망국의 을사조약이 체결되었다는 소식을 듣고 월남 이상재에게 가서 일본에 항거해야 한다는 의지를 천명하였으나 곧바로 일본경찰에 강제로 잡혔으며, 그 후 1910년 경술국치 이후에 일왕에게 조선병합에 대한 항의와 조선인들의 저항의지를 적은 편지를 전달하려다가 다시 압수되기도 하였다. 그가 일본경찰에 잡혀갈 때 어머니 김씨에게 인사드리니 어머니가 "너는 대한의 남아로 나라를 위해서 죽은들 무슨 한이 될 것이 있으랴! 어미가 있다고 해서 그 장한 뜻을 굽히지 말라"라고 하였으니, 세상 사람들이 모두 그 장부에 그 어머니라고 감탄하였다는 이야기가 전해진다.

그 후에 그는 조선총독부의 납세와 부역에 대한 반대, 일왕 사망 때에 상복반대 등으로 누차 구속되었다. 따라서 그는 일본 경찰이 감시하던 요주의 인물이었다. 서울에 사는 동지들의 세를 규합하여 독립운동을 조직적으로 진행하고자 하였으나 일경의 감시와 탄압으로 제대로 뜻을 이루지 못하였다. 그러자 "나라 없는 몸 무덤은 있어 무엇하느냐. 내 죽거든 시신을 불살라 강물에 띄워라. 혼이라도 바다를 떠돌면서 왜적이 망하고 조국이 광복되는 날을 지켜보리라"라고 외쳤던 만주벌 호랑이로 알려져 있는 안동 출신의 동지 김동삼金東三과 함께 중국으로 망명하여 독립운동에 종사하려 하였으나 그의 갑작스런 병으로 이 일 또한 뜻을 이루지 못하였다. 그는 울분으로 병석에 누워 내방객들의 방문도 거절하고 산운마을의 몹시 좁고 작은 그의 집에서 1913년 서른다섯 살의 아까운 나이로 분사憤死하였다. 그 후에 유림들이 뜻을 모아 그의 호를 딴 경산계를 조직하여 그의 유지를 받들어 오다가 1967년 산운마을 입구에 기념비를 제막하였다. 현재

이태직의 시비, 「동포에게 고함」

산운생태공원 앞에는 그의 시비가 있다. 시비에는 「동포에게 고함」(告同胞)이란 그의 시가 적혀 있다.

| | |
|---|---|
| 검은 무리 땅에 가득 세월은 흘러가네 | 黑雲滿地移時日 |
| 쇠를 녹인 모진 불도 밤 지나면 재가 되리. | 烈火燃金到夜灰 |
| 언제일까 하늘의 뜻 어이 알랴마는 | 早晚天心吾未識 |
| 응당히 우리 동포 좋은 시절 맞으리라. | 同胞應見好風來 |
| 포은선생 선죽교와 민충정공 혈죽당은 | 圃老之橋桂老堂 |

세월 앞뒤 멀고 머나 충의정신 같을지니. 遙遙前後對雙芳
만약에 원수 놈들 이곳에 와서 보면 若今奸賊臨斯見
살 떨리고 혼은 날고 간담마저 서늘하리. 肉顫魂飛肝膽霜

이태직은 울분으로 죽었지만, 죽어도 죽지 않고 현재까지 살아 있다. 그는 비록 몸은 죽었지만 그의 정신은 아직도 살아서 우리 민족이 올바른 세상, 정의로운 세상의 좋은 시절을 맞이하기를 갈망하고 있다. 시비로 함축된 그의 애국심은 산운생태공원을 찾는 어린아이들의 가슴에 전해지고 있는 듯하다.

또한 자암의 후손으로 의열단에 가입하여 독립운동에 헌신했던 인물로 죽사 이숙이 있다. 이숙은 일찍 웅비의 꿈을 안고 서울 중앙고보에서 고하 송진우, 인촌 김성수의 가르침을 받았다. 그는 기미년 3 · 1만세운동 때에 학교에서 연락, 동원 등의 역할을 담당하면서 주도적인 활동을 하였다. 그 후 서울대 공대가 된 경성고등공업학교에 학적을 두었으나, 빼앗긴 조국에 대한 광복의 염원밖에는 없어 후일 북경대학에 유학하면서 조국광복이란 희망으로 중국으로 망명하였다. 북경, 상해, 천진 등으로 전전하면서 독립운동에 종사하다가 김원봉이 영도하는 의열단에 안동 출신인 김지섭, 이육사 등과 함께 입단하였다. 하지만 1925년 이후 의열단의 자금원이 꽉 막혀서 극도의 재정 궁핍 상태에 놓이게 되었는데, 심산 김창숙의 표현에 따르면 '돈이 바닥이 나서

폭탄을 마련할 수가 없을' 뿐 아니라 '단원들이 전부 굶어 죽게 될' 형편에 처해 있었다. 이 당시 상해에서 의열단활동을 하던 이숙은 이러한 궁핍 상황을 실감나게 그리고 있다.

> 상해 법조계法租界 약시로藥市路 어떤 농장弄場 커다란 방에는 수삼십數三十 동지들이 의복은 전부 전당 잡혀 먹고 중복中服 군의軍衣 등 박착薄着으로 끼니도 옳게 잇지 못하고 몇 사람의 활동으로 간간이 신문지에 싸들고 오는 오죽잖은 '빠오즈' — 기름에 지진 만두—와 '케수이' —끓인 물—로 근근 허기만을 면할 때였다.
>
> 굶을 때가 너무도 많았었다. 어떤 때는 이틀이고 사흘이고 쫄쫄 굶다가 비교적 중어中語에 능숙하고 외교에 민첩한 사람이 중국인이나 안남인, 인도인이나 한국인으로부터 다소간에 주선이 되면 돌아올 적에 '빠오즈' 도 '케수이' 도 술—배갈이나 황주—도 많이 사오게 된다. 여러 날 주리던 창자이라 자연 폭음폭식이 아니 될 수 없게 된다. 이렇게 굶다가 먹다가 또 굶다가 이렇게 수년 동안 몇십 번이나 반복하였는지 그 번수가 헤아릴 수 없이 많았다.[2]

이처럼 그는 굶주림을 참아가면서 임정요원인 심산 김창숙, 석주 이상룡과 함께 조국광복운동에 침식을 잊고 매진하다가 뜻하지 않게 병을 얻어 귀국하였다. 신병을 치료하던 중 해방되자 그는 후세교육을 위하여 외국어 대학을 설립하였으나 한국전쟁으로 계속할 수 없었다. 해방 후에는 이승만 정부에서 수차례 등용을 제의했으나 그는 이승만과 노선이 맞지 않아 사양하고 초야에서 지내다가 일생을 마쳤다. 유고가 남아 있어 1992년 『죽사회고록』이 간행되었다.

이태직, 이숙 이외에도 이민환의 형인 경정 이민성의 후손인 이태학은 2만여 명 이상의 군중이 참여한 대구의 3 · 1운동의 주도자로서 왜경에게 잡혀 1년 반 이상의 옥고를 치렀다. 이처럼 산운마을에는 암울한 역사에 맞서 행동으로 저항하는 무명의 애국지사들이 많이 배출되었다.

조선시대는 가정에서의 효를 통해 곧 나라와 임금에 대한 충성을 자연스럽게 유도하던 시대였다. 다시 말해 유교를 바탕으로 한 도덕적인 질서를 곧장 통치의 질서로 환치시켰던 것이다. 가정에서의 효를 인간으로서의 가장 중요한 도덕으로 삼았는바, 나라에서는 통치를 위해 효를 적극적으로 권장하였다. 이민환의 후손들에게도 효자 이야기가 산운마을에 많이 전해진다. 전해지는 이야기 중에 유명한 것을 한두 가지 소개하면 다음과 같다.

이민환의 현손인 운창雲倉 이의로李宜老(1794~1869)는 지극한 효성으로 유명하였다. 그는 매일 밤에 부모의 잠자리를 보아 드리고 이른 아침에 부모의 밤새 안부를 묻는 혼정신성昏定晨省을 하여 하늘이 낸 효자라는 출천지효出天之孝의 칭송을 받았다. 한 번은 어머니가 병을 얻어 백약을 써도 효험이 없었다. 그는 어머니의 병을 낫게 해 달라고 천신에게 지극정성으로 매일 기도를 했다. 그래도 어머니의 병이 차도가 없자, 그는 어머니를 대신해 자신이 병을 앓겠다고 간절히 기도를 계속하였다. 그러던 어느 날 밤 꿈에 신인이 나타나 어느 숲에 가면 어머니의 병을 고칠 약이 있으니, 그 약을 찾아 쓰면 어머니의 병이 나을 것이라고 했다. 이튿날 곧장 그 숲에 가서 숲속을 헤매었는데, 마침 거위 한 마리가 있기에 그 거위를 잡아 달여 잡수시게 하였더니 어머니 병이 쾌유하였다고 한다. 이러한 효행이 알려지자 조정에서는 조봉대부동몽교관朝奉大夫童蒙敎官의 벼슬을 제수하고 충신, 효자, 열녀 등을 기리기 위해 동네 정문을 세워 표창하는 일을 가리키던 정려旌閭를 내려서 정려문이 세워졌다고 한다.

이민환의 7대손인 이노익李魯益(1791~1833)의 이야기도 많이 회자되고 있다. 그는 운곡 이희발의 제3자로 태어나 출후하여 이지발의 뒤를 이었다. 그는 평소에 효성이 지극하여 양부모 섬기기를 생부모와 다름없이 하였다. 그가 젊었을 때 서울의 과장에서 과거시험을 보던 중에 양부의 위급한 병보를 듣고 급히 고향으로 돌아오다 조령에 이르러 큰 호랑이 한 마리를 만났다. 호랑이가 앞길을 가로막았으나 그는 두려움에 떨지 않고 "늙은 부친의 병보를 받고 귀향 중인데 어찌하여 급한 길을 방해하느냐?"라고 꾸짖으니 호랑이가 의성 도리원까지 길을 인도하였다는 구전 이야기가 있다. 그의 효성이 미물의 짐승까지도 감동시켰다는 이런 이야기가 조정에까지 알려지자 조봉대부동몽교관의 벼슬이 내려졌다.

옛날이나 지금이나 마찬가지겠지만 효성이 지극한 사람은 인간으로서의 기본적인 바탕이 된 사람임에 틀림없다. 그런 까닭에 효성스럽다는 것은 그 사람의 인격이 그만큼 훌륭하다는 의미도 된다. 또한 인간으로서의 기본적인 자질인 효를 실천한다는 것은 자신의 인격을 수양하는 좋은 방법이 되는 것이다. 효는 인간 사랑의 표현이지, 조선시대 통치이념도 아니고 사회적으로 주고받는 계약관계도 아니다. 이민환의 후손들은 안으로는 바로 자기 존재를 귀하게 여기고 자신이 생겨난 근본을 사랑하는 효의 정신이 내면화되어 있고, 밖으로는 인간다움을 잃지 않으면서 불의에 행동으로 맞서는 대장부 기질이 체화되어 있다.

주

1) 『敬亭集』, 권14.

2) 이숙, 『죽사회고록』, 176 · 186 · 187쪽.

# 제4장 종가는 아직 살아 있다: 자암종택과 산운의 고가 및 유물 이야기

## 1. 자암종택 이야기와 삶과 꿈의 표상으로서의 학록정사

조선시대 사대부들은 유교적인 관점에서 자연환경에 따라 자신이 살아가야 하는 공간을 선택하였는바, 산운마을에 가면 그 이유를 단번에 알 수 있다. 마을 뒤편으로 금성산과 비봉산이 병풍처럼 두르고 있고 앞쪽으로는 맑은 물이 쉼 없이 흐르는 자연경관이 뛰어난 곳이다. 산운마을에 가면 현재 우리가 잃어버린 정겨운 고향산천을 찾은 듯한 포근한 느낌을 가져다준다. 이곳에서 영천이씨들은 자연을 닮고자 하는 인간다움의 본성을 자연스럽게 체득하였던 것이다. 산운마을은 동쪽의 윗마을과 서쪽의 아랫마을로 크게 나누어지는 이원적 경관구조를 띠고 있다. 윗마을의 중심은 자암 이민환의 종택이고 아랫마을의 중심은 자암의 형인 경정 이민성의 종택이다. 그리고 아랫마을인 산운마을 입구 쪽에 영동정 이박 후손의 영천이씨 가문을 홍성케 하였던 입향조인 학동 이광준의 학덕을 추모하고 후학들을 양성하기 위하여 1750년(영조 26)경에 건립한 학록정사鶴麓精舍가 있다. 마을 입구에 안정적으로 사뿐 자리 잡은 학록정사를 향해 걷는 발걸음 너머로, 우뚝하게 솟은 금성산 아래로 하얀 구름들이 유유히 피어오르는 모습을 보면서 현대생활 속에 인간다움의 여유를 잃어버린 우리들에게 산운이라는 말에 담긴 의미의 행복감을 느끼게 해 준다. 이 학록정사 안에 있는 사당 광덕사光德祠에서는 산운마을의 존재를 널리 알린 삼부자, 즉 학동 이광준, 경정 이민성, 자암 이민환의 불천위를 합사하고 있다. 산운마을은 6 · 25 한국전쟁 때 피해를 많이 입었다. 경정, 자암 종택이 혼란 중에 일부가 불에 타서 부득이하게 양 불천위를 광덕사에 급히 이봉하여 합사하였다고 한다. 현대인의 생활상을 고려하여 현재 매년 4월 첫째 주 일요일에 삼부자의 불천위 제사를 학록정사 광덕사 내에서 모시고 있다.

학록정사는 경북유형문화재 제242호로 지정되어 있다. 산운마을 입구 밭 가운데 남향하여 자리 잡고 있는 학록정사에서 드넓은 들판과 기와지붕이 연이어 있는 모습과 하늘의 구름을 보면 너무나도 평화롭고 아름답다. 학록정사 정면에는 소시문蘇始門이라 편액한 솟을대문을 세우고, 그 주위에는 흙과 돌의 담장으로

학록정사

학록정사

소시문

둘렀다. 소시문이란 '진리의 깨달음이 비로소 시작되는 문' 이라는 의미에서 붙여진 것일까, 아니면 산운마을 입향조인 이광준이 처음 들어온 곳이 쇠랑골 즉 소시랑리라고 하니 마을이 처음 시작된다는 의미에서 붙여진 것일까라는 중의적인 상상을 해 본다. 소시문을 들어서면 학록정사라고 현판을 단 정면의 강당이 보이고, 강당 좌측편에 관선헌觀善軒이라는 관리사가 있다. 금학산이라고 불렀던 금성산이 뒤로 둘러싼 아름다운 모습과 학록정사라는 의미의 현판이 조화롭게 어울린다. 웅경한 힘이 있는 학록정사의 현판은 시·서·화 삼절三絶로 일컬어 졌던 표암豹庵 강세황姜世晃(1713~1791)의 글씨라고 한다. 학록정사의 강당 건물은 조선 중기의 전형적인 건축양식으로, 유연히 치켜 올린 팔작지붕 추녀의 곡선은 비상하는 황학의 모습을 연상케 한다. 드넓게 열린 창공으로 황학이 힘차게 날갯짓하면서 날아오르는 듯한 지붕 추녀의 곡선은 혹시 정말 하늘로 날아오르지는 않을까라는 생각이 얼핏 든다. 강당은 자연석 막돌 쌓기를 한 기단 위에 큼지막한 자연석 주초를 놓고 기둥을 세웠다. 정면 3칸 측면 2칸 규모의 6칸 대청을 중심으로 좌우에 2칸의 온돌방을 각각 둔 중당협실형 구조의 팔작지붕 건물이다. 강당 전면에 온돌방을 위한 아궁이가 있는 게 특징이며, 팔작지붕과 문틀 등은 당시의 원형을 잘 보존하고 있다. 강당 우측 뒤편에 삼부자의 불천위를 모시고 있는 광덕사光德祠란 사당을 두고 있다. 강학講學 구역은 앞쪽에, 신실

광덕사

神室 구역은 뒤쪽에 두는 전형적인 전학후묘前學後廟의 공간배치법이다. 광덕사 앞면에는 내삼문을 세웠으며, 사당 좌측으로 헌수각을 두었다.

학록정사 강당의 대청 위에 왼쪽에는 '거인居仁', 오른쪽에는 '유의由義'라는 현판이 걸려 있다. 이 단어 두 개가 삼부자로부터 이어진 산운마을 영천이씨들의 좌우명과 같은 말이다. '인에 거처하고', '의를 따르는 것' 속에 한 인간으로서의 자기 존재 증명이 있다는 것이다. 자아를 자아라고 말할 수 있는 존재의 근

학록정사 현판–거인

학록정사 현판–유의

거가 무엇인가? 영천이씨는 자신이 진짜 자신이라고 확신할 수 있는 근거를 '거인'과 '유의'에서 찾았던 것이다. 이름 석 자가 자신의 본질이 아니라, 사람과 더불어 살아가고 항상 의로움을 행동의 표준으로 삼는 것이 자신의 본질인 것이다. 다시 말해 '거인'과 '유의'란 말 속에는 인간다움을 잃지 않고 사람으로서의 바른길을 항상 생각하며, 불의에 맞서 항상 행동으로 실천하는 정의로운 길을 가라고 가르치는 영천이씨 가문의 전통이 함축되어 있는 듯하다. 그들의 삶의 방식을 잘 드러내 주고 있는 말인 것 같다.

학록정사 주차장 서편에는 와운재臥雲齋 이명천李命天(1708~1796)을 기리는 유적비가 있다. 이명천은 경정 이민성의 현손으로 문학과 덕행이 뛰어나 표암 강세황, 대산 이상정과 도의지교를 맺고 학록정사 건립 등 많은 문중사업을 주관한 인물이다. 만년에는 학록정사에서 거처하면서 학문을 하다가 조용하게 운명하였다고 한다. 와운재 유적비 옆에 학동의 유허비, 자암의 신도비, 경정의 사적비가 조만간에 건립될 예정이라고 한다.

학록정사에서 명문가의 학풍과 검소함, 하늘과 구름을 닮은 인간 삶의 여유로움과 인자함, 그리고 자연스럽지 못한 사회적 불의에 맞서는 강직함, 자연과 인간이 소통하는 방법, '거인'과 '유의'라는 단어를 생각하며, 현대의 문화가 더 이상 인간다움을 잃지 않아야 한다는 다짐을 마음에 담고서 사뿐한 걸음걸이로 산

자암종택

운마을로 들어선다.

산운마을의 전통 고가옥 40여 채는 거의 대부분 자암종택이 위치하고 있는 윗마을에 있다. 아랫마을에는 산운마을의 큰집이라 할 수 있는 경정종택 이외에 대다수 가옥들이 원형을 알 수 없을 정도로 많이 훼손되어 있는 실정이다. 산운의 윗마을은 황토의 골목길을 따라 느릿느릿 걷는 여유로움을 가져다준다. 황톳길은 기와 담장을 따라 걷게 되는데, 황토의 골목길과 가지런한 기와 담장이 무척이나 인상적이어서 새로운 세상에 온 것 같다. 그리고 온통 눈에 보이는, 흙담 위의 작은 생명을 뿌리 내린 담쟁이넝쿨과 기와는 소박하고 한없이 정겨운 풍경을 만들어 내고 있다. 산운마을의 진짜 볼거리는 바로 고건축물과 조화를 이루어 내는 정겨운 황톳길과 살아 있는 생명과 함께하고 있는 흙담장이라고 한다면 지나친 주장일까.

이러한 골목길과 흙담장을 보면서 걷다 보면 자암종택이 나타난다. 자암종택은 입향조 이광준의 셋째 아들인 자암 이민환이 분가하여 지은 건물로서 산운마을에서 작은집이 되는 셈이다. 산운의 윗마을에는 가장 오래된 자암종택을 중심으로 자암의 6대손인 운곡 이희발의 고택인 운곡당雲谷堂(경북문화재자료 374)이 이웃하고 있고, 서측에 자암의 6대손이자 운곡 이희발의 아우인 소우素宇 이가발李家發(1776~1861)의 고택인 소우당素宇堂(중요민속자료 237)이 있으며, 남측에 자암의 9대손으로 조선 고종 때 산운마을 마지막 문과 대과 급제자인 죽파 이장섭(1854~1907)이 부친께 지어드린 고택인 점우당漸于堂(경북문화재자료 375) 등의 전통 가옥들이 잘 보존되어 있다.

자암종택은 산운의 윗마을에서 가장 생기가 충만한 혈처에 위치하고 있다. 하지만 운곡당, 소우당, 점우당에 비해 많은 부분이 훼손되어 있고, 일반인들이 자암종택임을 알 수 있는 어떠한 안내표지도 없는 실정이다. 또한 종손이 생계를 위해서 서울에 거주하고 있어 관리가 잘되고 있지도 않다. 이 지점에서 정치적인 사건으로 말미암아 종손이 살고 있지 않는 중국 곡부의 공자 종갓집인 공부孔府가 떠오른다. 자암종택에 종손이 살고 있지 않은 지금 여기의 현실, 공자의 종가에 공자 종손이 살지 않는 현실을 어떻게 바라보고 해석하여야 할까? 여기에 대한 올바른 답이 현재 종가가 처해진 환경에 대한 적절한 해법일 것이리라.

정부에서 경북 유교문화권 정비계획에 따라 산운마을을 복원한 사업에서도 자암종택은 전통 주택의 기본적 공간평면을 구비하고 있으나 사당을 제외하고는 마당과 건물 부분들이 매우 훼손되어 있어서 전통적으로 완전히 복원하기 어렵다는 이유로 복원되지 못한 실정이다. 한국전쟁 때에 일부 건물이 화재를 당하여 고풍스러운 모습이 사라졌던 것이다. 그렇지만 자암종택은 바깥에서 보면 흙담장과 조화를 이루고 있는 위엄 있는 솟을대문이 사람들의 시선을 사로잡는다. 그 대문을 들어서면 넓은 마당이 그 집의 인심을 넉넉하게 보여 주는 듯이 자리하고 있다. 그 흔한 나무 하나 제대로 없이 황폐하게 방치된 그 마당이 보는 이의 가슴을 아프게 한다. 과거 조선시대의 인간질서는 묘당廟堂으

자암종택의 솟을대문

초가로 복원한 안사랑채

로 상징되는 수직적인 신분질서 속에 구축되어 왔다. 하지만 현재 우리 미래의 삶은 넓은 마당으로 상징되는 수평적인 인간질서의 구축이다. 자암종택의 넓은 마당 위에 새로운 수평적인 질서를 구축해야 할 임무가 있다. 이제 이 마당에 자암의 학덕과 인품과 우리의 인간다운 삶, 즉 과거의 흔적과 미래의 모습을 채워 넣기만 하면 된다는 새로운 과제가 주어진 것이다.

그 넓은 마당을 사이에 두고 정면 5칸 측면 1칸 규모의 맞배기와집인 안채가 있고, 안채의 좌측에는 근년에 신축한 4칸 규모의 팔작기와집인 본채가 배치되어 있으며, 우측에는 최근에 초가

자암종택의 사당

로 복원한 안사랑채를 두어 전체적으로 '冂' 자형의 배치 형태를 취하고 있다. 본래는 ㅁ자 형태였으나 400여 년 풍상을 견디지 못한 중문채가 허물어져 철거되어 주춧돌과 구들장만 사랑채 옆 마당에 보관되어 있다. 이로 인해 자암종가의 건물들은 모두 전통적인 고풍스런 모습을 잃고 초라하게 자리 잡고 있다. 안채의 우측에는 네모반듯하게 토석담을 둘러싼 별도의 공간을 만들어 자암 이민환의 사당을 배치하고 있다. 사당은 자연석으로 막돌 쌓기를 한 기단 위에 작은 자연석 주초를 놓고 기둥을 세운 정면 3칸, 측면 1칸 반 규모의 맞배 기와집으로 만들었다. 종택의 사당이란 전통시대에 '생명이 처음 시작한 근본을 돌이켜 보고 근본에 보답하며(報本反始), 조상을 존중하고 종가를 공경하는 뜻(尊祖敬宗)이니, 실로 집안이란 명분을 지켜 가업家業을 열고 대대로 전수하는(開業傳世) 근본' 이기 때문에 아주 중요시하였다.

자암종택은 현재 대문채, 안채, 사랑채, 사당 등의 건물은 대충 갖추어진 전통 가옥의 전형적인 공간구성을 하고 있지만, 한국전쟁에서 건물이 불탄 민족의 아픈 현실이 다시금 떠오른다. 종택에서 가장 위계가 높은 사당 건물은 다행히 한국전쟁의 참화를 면해 원형을 보존하고 있어 가장 고풍스러운 맛을 풍기고 있다. 하지만 그 밖의 안채, 사랑채 등은 원형의 모습을 많이 잃어 종택에서 자암 이민환의 삶의 태도를 살피기에는 부족하여 씁쓸한 마음을 떨칠 수 없다.

자암종택에서 전통적인 원형을 나름대로 보존하고 있어서 고풍스런 느낌을 주는 건물은 대문채와 사당 정도에 불과하다. 그렇지만 안채와 사랑채에서 금성산을 바라보는 기세의 절묘함은 산과 물의 자연을 닮아 삶의 태도로 삼았던 이민환의 강직함과 부드러움이 나올 수 있었던 원천이었음을 단번에 알 수 있다. 집을 단순한 주거공간으로 여기고 편리함을 추구하거나 집안 평수의 가치만을 저울질하는 현대인의 속물적 삶에 찌든 눈에서도 집을 주변의 산세와 지형과 조화롭게 배치하면서 그것을 배우고자 한 지혜로운 자암의 심미안에 감탄을 금할 길 없다. 자암종택

자암종택에서 바라본 금성산

에서는 어떠한 현판도 볼 수 없다. 이는 한국전쟁 때 건물이 통째로 불타 버렸기 때문이리라. 동아시아의 지성인의 책무를 다한 자암에게 자신이 살던 집에 어떠한 문자도 남은 것이 없다는 현실이 가슴 쓰라리게 한다. 자암종택을 진정 복원하는 것은 살아있는 인물로서의 자암을 제대로 평가할 때 저절로 이루어질 수 있다는 생각을 하면서 종택을 나선다.

산운마을의 큰집 경정 이민성의 종택도 한국전쟁의 와중에 모두 불타고, 사당만은 화를 면하였다. 민족상잔의 한국전쟁의 비극 속에 큰집, 작은집이 모두 훼손된 이곳 산운마을에서 불가피한 변통을 통해 학록정사에서 삼부자의 불천위 제사를 모시고 있는 것이 불행 중 다행이라는 생각이 든다. 나름대로 선조들의 업적을 계승하여 조상들에게 고마움을 표현하고 그것을 계속 이어서 후손들에게 전수하려는 산운 영천이씨들의 마음 씀씀이가 느껴진다. 이민환의 묘는 원래 산운마을 가까이 청로라는 곳에 있었으나, 외손 근곡芹谷 이관징李觀徵(1618~1695)이 경상도관찰사로 있을 때에 친손들과 함께 명지를 찾아 수백 리 떨어진 영양英陽 하풍河豊으로 1675년에 이장하였다. 이민환의 묘에 들어서 보면 문외한이 보더라도 이런 명당이 있을까 싶을 정도로 탄복을 금할 수 없다. 이민환의 묘는 묘역을 둘러싸고 있는 유연한 산세의 흐름을 감돌고 있는 감천甘泉 물에 발을 담그지 않고는 접근할 수 없다. 아래로는 이민환의 둘째 아들 창호蒼湖 이정숙李廷橚의

정지용의 「향수」

묘가 자리하고 있다.

자암종택을 나서면 위풍당당하게 서 있는 '희정공 자헌대부 형조판서 운곡 이선생 신도비'를 볼 수 있고, 그 너머 황토 골목길 사이에 정지용의 「향수」라는 앙증맞은 목판이 새겨져 있는 것을 발견하면, 비로소 현대를 살아가는 우리가 잃어버린 고향산천을 찾은 듯하다.

> 넓은 벌 동쪽 끝으로
> 옛이야기 지줄대는 실개천이 휘돌아 나가고
> 얼룩빼기 황소가

해설피 금빛 게으른 울음을 우는 곳,
― 그곳이 차마 꿈엔들 잊힐 리야.

질화로에 재가 식어지면
비인 밭에 밤바람 소리 말을 달리고
엷은 졸음에 겨운 늙으신 아버지가
짚베개를 돋아 고이시는 곳,
― 그곳이 차마 꿈엔들 잊힐 리야.

흙에서 자란 내 마음
파아란 하늘빛이 그리워
함부로 쏜 화살을 찾으려
풀섶 이슬에 함초름 휘적시던 곳,
― 그곳이 차마 꿈엔들 잊힐 리야.

전설 바다에 춤추는 밤물결 같은
검은 귀밑머리 날리는 어린 누이와
아무렇지도 않고 예쁠 것도 없는
사철 발 벗은 아내가
따가운 햇살을 등에 지고 이삭 줍던 곳,
― 그곳이 차마 꿈엔들 잊힐 리야.

하늘에는 성근 별
알 수도 없는 모래성으로 발을 옮기고,
서리 까마귀 우지짖고 지나가는 초라한 지붕,
흐릿한 불빛에 돌아앉아 도란도란거리는 곳,
- 그곳이 차마 꿈엔들 잊힐 리야.

정지용의 향수는 시인의 기억 속에 남아 있는 잊을 수 없는 고향의 모습을 '그곳'으로 묘사하면서 파노라마식으로 아름답게 재현시키고 있다. 고향을 그리워하는 감각적인 정서가 유난히 돋보이는 작품이다. 여기에서 말하는 고향은 특정적인 어떤 물리적인 곳을 가리키는 것이 아니라, 바로 한국인들의 마음속에 간직되어 있는 한민족의 근원적인 고향이라 할 수 있다. 따라서 골목길에 새겨진 정지용의 향수를 천천히 읽다 보면 산운마을과 절묘하게 조화되는 환상적인 느낌을 준다.

## 2. 산운마을 고건축에 드러나는 존재의 발자취

산운마을에서 가장 전통적인 모습을 간직하고 있어 고풍스런 멋을 내고 있는 건축물로는 운곡당雲谷堂, 점우당漸于堂, 소우당素宇堂이 대표적이다.

구름 계곡의 집이라는 운곡당은 자암종택과 이웃하고 있다. 운곡당은 운곡 이희발이 영월부사로 있을 때인 1800년대 초기에 세운 집이라고 한다. 북쪽에 솟은 금성산을 뒤로 하고 남동쪽으로 향하고 있다. 운곡선생의 연보에 의하면, 순조 3년 계해 즉 선생이 36세 되던 1803년에 '정침正寢을 세우고 상량문上樑文을 지었다' 고 하였으니, 이 건물이 처음 세워진 시기는 1803년으로 볼 수 있다. 61세가 되던 1828년에 '거실에 정재定齋라는 편액을 걸

운곡당

었다' 고 하였다. 최근에 복원한 3칸 규모의 솟을대문을 들어서면, 마당을 사이에 두고 안채에 사랑방, 고방 등이 한 동으로 연결되어 있으며, 앞채의 좌우에 전면으로 돌출되어 날개집의 한 유형에 속한다. 안채의 왼쪽 뒤에는 사당이 별도의 영역을 이루며 배치되어 있다. 문간채는 한말에 소실되었던 것을 최근 2002년에 복원하였다. 사랑채는 중문칸의 좌측에 배치되어 있는데, 중문칸 앞에는 안채로 들어가는 시선을 차단할 수 있게 'ㄴ' 자형의 차면담을 설치하였다. 평면 형태는 'ㄷ' 자 형태의 안채와 그 앞 좌측에 'ㄱ' 자형의 사랑채, 우측의 'ㄱ' 자형의 고방채는 중문간을 통해 연접되어 'ㄷ' 자형을 이루어 안채와는 상하 병렬로 연결되어 있다. 안채는 1920년대에 일부 개축되었으나, 산운마을 고가옥 중에 대표적인 건축이라 할 수 있다. 운곡당의 현판은 개축할 때 이희발의 현손으로 학자이자 서예가이자 독립운동가인 이홍李鴻(1887~1972)이 썼다. 이홍은 운곡당을 양진사숙養進私塾이란 이름으로 바꾸어서 마을에 초등학교가 세워지기 전 일제강점기 때 학생들을 모아서 교육하였다고 한다.

이희발이 벼슬을 그만두고 고향에 머물렀을 때 전원생활을 즐기며 학문을 닦던 정자인 용문정龍門亭이 산운마을 가까이 금성산 들머리 수정사 입구 용문곡에 위치하고 있다. 세월이 흘러 퇴락된 것을 1924년에 이희발의 현손인 이홍이 개축하고 현판과 시판 등을 써서 다시 걸었다. 운곡선생의 연보에 의하면, 선생이

62세가 되던 1829년에 '금성金城에 땅을 사 두고 서실書室을 지었다' 고 하였다. 용문정은 정면 4칸 측면 1칸 반 규모의 팔작기와집으로 2칸 마루방을 중심으로 좌우에 온돌방 1칸씩을 둔 중당협실형中堂挾室形 구조이다. 주위에는 기와를 얹은 방형의 돌담을 둘렀으며 전면에는 사주문四柱門을 세워 정자로 출입하게 하였다. 용문정 뒤에는 금성산의 봉우리가 우뚝 솟고 동남쪽에는 비봉산이 나는 듯이 사뿐히 앉아 봉황의 긴 꼬리를 늘어뜨리고 있는 아름다운 경관 사이로, 봄에는 화려한 벚꽃, 여름에는 푸른 이끼와 붉은 배롱나무꽃, 가을에는 빛바랜 이끼와 오색단풍이 절경을 이루는 곳이다. 용문정에는 조선 후기 대표적인 서예가이자 3·1운동 민족대표 33인 중의 한 사람인 위창葦滄 오세창吳世昌이 용문정이라고 적은 시의 현판이 있다.

| | |
|---|---|
| 느릅나무 한 굽이에 늙은이 농사지어, | 枌楡一曲老農家, |
| 팔월이라 수확철에 즐거운 일 많구나. | 八月西成樂事多. |
| 언덕 너머 기장은 구름처럼 쌓였고, | 壟外黃雲堆黍穗, |
| 이슬 내린 밭 사이에서 목화를 따네. | 田間白露摘綿花. |
| 청려장 늙은이 울타리 너머 얘기하고, | 杖藜翁隔疎籬語, |
| 소 치는 아이는 저녁 비와 함께 오네. | 叩角兒歸暮雨歌. |
| 토란은 살찌고 과일은 익어 가니, | 土芋正肥園果熟, |
| 들사람 사는 맛 이때가 좋을시고. | 野人風味此時佳. |

운곡 이희발 영정

이 시는 용문정의 주위 환경과 한가한 전원생활이 멋들어지게 어울린다. 또 이곳에는 용문정이라는 정자와 관리인이 거주하는 집 외에도 유초각惟肖閣이란 2칸짜리 별도의 건물이 자리하고 있다. 유초각에는 용문정의 주인인 운곡 이희발의 영정을 모시고 있다. 이 영정은 영조의 명으로 이희발 선생의 회갑 때 그려진 것이라고 하는데, 이희발의 연보에 '1847년 헌종 13년 80세에 영수각靈壽閣에 도상圖像을 모셨다' 는 기록이 있는 것으로 볼 때, 회갑이 아닌 팔순 때 그려진 것이 아닌가 싶다. 유초각에서는 정기적으로 이희발에게 제사를 올리는데, 제사를 올릴 때 제사에 참여한 사람들이 행해야 할 의식 순서를 기록한, 요즘 말로 하자면 식순이라고 할 수 있는 홀기笏記도 보관되어 있다. 홀기는 출주례出主禮, 참신례參神禮, 강신례降神禮, 초헌례初獻禮, 아헌례亞獻禮, 종헌례終獻禮, 사신례辭神禮의 순으로 쓰여 있다. 유초각 현판도 이희발의 현손玄孫인 이홍이 적었다.

다시 산운마을로 돌아가 보자. 운곡당과 담장을 공유하고

점우당

있는 점우당은 1900년경에 죽파 이장섭이 부친 금악錦嶽 이철재李澈在께 지어드린 고택이다. 이장섭은 자암 이민환의 9대손으로 산운마을 마지막 문과 대과 급제자이다. 1888년(고종 25)에 급제하여 홍문관교리를 지냈다. 그는 이철재의 아들로 태어났으나 백부 이연재李淵在 앞으로 양자를 갔다. 그는 효행과 우애가 지극하여 일찍 생부를 모시는 처소를 따로 지었으니, 그 집이 점우당이다. 생부를 위해 점우당을 일가친척들과 친목을 나누는 장소로 사용하게 하였다. 이장섭의 효행과 산운마을을 생각하는 마음 씀씀이를 알 수 있다. 점우당의 건물은 안채, 사랑채, 헛간채,

소우당

문간채로 구성되어 있다. 안채는 사랑채와 연결되어 ㄷ자형을 이루고 있고, 그 맞은편에 '一' 자형의 헛간채가 있어 '튼ㅁ' 자형 평면구조를 보이며, 남동쪽으로는 대문채가 자리 잡고 있다. 점우당은 평면구성이나 기법에서 독특한 점은 보이지 않지만, 친척들과 어울리는 장소로 사용된 점과 여러 세대가 함께 살던 모습을 살필 수 있는 좋은 예가 되는 집이다.

현대인들이 한 번쯤 살아 보고 싶은 집이 산운마을의 소우당이다. 소우당은 자암의 6대손이자 운곡 이희발의 아우인 소우 이가발의 고택으로, 운곡당과 민가 한 채를 사이에 두고 50미터쯤 떨어진 서쪽에 위치하고 있다. 산운마을에서 멋스러움으로 말하자면 소우당이 단연 압권이라고 할 수 있다. 따라서 산운마을에 있는 유교문화재 중에서 가장 등급이 높은 건축물이다. 이 건물은 이가발이 19세기 초에 건립하였고, 안채는 이장섭이 1880년대에 고쳐 지었다고 한다. 가옥은 'ㄱ' 자형 안채와 'ㄴ' 자형 사랑채가 안마당을 감싸고 있어 '튼ㅁ' 자형의 평면을 이루고 있다. 남측 전면에는 'ㅡ' 자형 문간채가 있고 문간채의 서쪽에는 외측간이, 안채의 북서쪽에는 내측간이 있다. 사랑채와 안채가 만나는 지점에는 옛날에 사용했던 것으로 보이는 우물이 있다. 안채, 사랑채 일곽一郭의 서쪽으로는 별도의 담장을 돌려 공간을 형성하고 원림園林을 조성하였다. 이 원림지역은 우리나라 전통 정원 건축과 다른 독특한 특징이 있다.

원림지역에 들어가는 순간, 멋있다는 감탄사가 절로 나온다. 원림을 두고 사람들이 영남 제일의 정원이라 부르는 이유를 알 것 같다. 원림 중앙부에는 안사랑채 또는 별당別堂으로 불리는 건물을 배치하고 있다. 별당은 정면 5칸 측면 2칸의 규모로서 정면 앞쪽에는 3칸 규모의 마루를 설치했고, 우측과 뒤쪽에는 툇간을 두었다. 특이한 것은 좌측 뒤쪽에 측간 즉 화장실이 붙어 있다는 사실이다. 별당에서 모든 것을 해결할 수 있는 구조, 현대식으로 말하자면 완벽한 원룸 시스템을 갖추고 있는 독특한 구조이다. 이 측간이 소우당의 재미있는 볼거리 중에 하나이다. 측간은 물론 수세식이 아닌 재래식으로 근래에 수리를 하여 깔끔하게 단장되어 있다. 측간 내부에는 판자를 깔고서 그 가운데에 볼일을 볼 수 있도록 자그마한 구멍을 뚫어 놓았는데, 대변이든 소변이든 볼일을 보면 그 배출물은 측간 아래에 우뚝 솟아 있는 돌기둥에 부딪히게 된다. 재래식 화장실을 이용할 때 가장 불편하고 두려운 점이 바로 물이 튀어 오르는 것이 아니던가. 하지만 여기에서는 그런 걱정이 필요 없다. 돌기둥 덕분이다. 볼일을 볼 때 엉덩이에 물이 튀지 않도록 한 주인의 세심한 배려가 잔잔한 미소를 머금게 한다.

별당 남쪽으로는 한반도 지도를 응용하여 조성하였다는 연못과 소나무 · 향나무 · 측백나무 등으로 꾸민 수림樹林이 있고, 통행에 편리하도록 크고 작은 돌을 이용하여 보도步道를 조성하였다. 특히 한반도 지도 모양의 연못은 비록 규모는 작지만 조선시대 전통 조경기법인 못을 네모나게 하고 그 가운데 둥근 인공섬을 만드는 천원지방의 사상을 도입한, 여타 연못과 달리 어느 지점에서 보아도 끝이 보이지 않는 경주 안압지와 같은 형태로 만들어진 점이 특이하다. 수림에 있는 측백나무는 이희발의 현손인 이홍李鴻이 중국에 갔을 때 명나라 황제의 묘역에서 어린 나무 두 그루를 가져와 심은 것이라는 일화가 전한다. 중국에서 측백나무는 공자묘를 비롯해 황제의 능에 심는 성수聖樹로 알려져

소우당 별당

소우당의 연못

있을 정도다. 측백나무는 지금은 흔한 나무지만 당시만 해도 매우 희귀했다고 한다. 귀한 나무였던 만큼 일화도 많다. 한방에서 측백나무의 씨가 백자인柏子仁이라 하여 정신을 안정시키는 데 효과가 있는 것으로 알려졌는데, '껍질이 부인병에 특효가 있다' '아이 못 낳는 여인은 아이를 낳을 수 있다' 고 잘못 알려지면서 원근의 아낙네들이 깊은 밤 몰래 담을 넘고 뛰어들어 와 가지를 꺾어 가는 등 많은 수난을 당했다고 한다.

소우당은 사대부의 집안인데 '남근석' 이 있다는 점에서도 남다르다. 이 집에는 음기가 강해 남자들이 장수하지 못한다고 여겨 정원 한쪽 옆에 남근석 하나를 꽂아 두고 음양의 조화를 바란 것으로 사람들에게 알려져 있다. 그리고 남쪽에서 들어오는 나쁜 기운을 막으려고 여러 개의 돌비석을 병풍처럼 둘러놓았는데, 산운마을 사람들은 이런 돌조차도 모두 남근석으로 생각한다는 것이다. 한마디로 집 안에 수십 개의 남근석이 있는 셈이다. 또한 정원을 이루는 땅의 형태에 따라 높게 둘러친 흙담이 인상적인데, 흙담은 자연적인 곡선미가 살아 있어 유려하고 고졸한 맛을 풍긴다. 안채 서북쪽에 나 있는 문을 통해서도 별당의 정원으로 출입할 수 있게 되어 있다.

이처럼 소우당은 간결하고 소박한 형태로 지어진 영남지방 사대부의 상류주택으로, 안채와 사랑채 외에 별당 형식의 정원 공간을 담을 둘러 따로 구성한 점이 특이하다. 독립된 담장 안에

소우당의 남근석

조성한 정원과 별당은 당시 풍류와 운치를 보여 주는 좋은 사례가 되고 있는데, 19세기 상류가옥의 멋을 느낄 수 있으며 별서別墅(별장)건축의 귀중한 연구 자료가 되고 있다.

마지막으로 산운마을의 큰집인 경정종택은 자암종택과 마찬가지로 한국전쟁의 참화를 입어 불에 탄 것을 최근에 일부 복원한 것이다. 학록정사에서 보면 대문 앞쪽 100미터 지점에 긴 담이 막고 있는 집이 바로 경정종택이다. 산운의 아랫마을에 위치한 경정종택은 3칸 규모의 솟을대문을 들어서면, 마당을 사이에 두고 정면 4칸 측면 1칸 반 규모의 팔작기와집인 사랑채 수락당이 자리 잡고 있으며, 사랑채 뒤에는 팔작기와지붕을 얹은 콘크리트조의 안채가 배치되어 있다. 사랑채의 우측에는 네모난 토석담을 두른 사당이 별도의 공간을 이루며 배치되어 있다. 사랑채의 건물 전면에 붙어 있는 수락당壽樂堂이란 현판은 1603년 당대 제일의 명필인 석봉石峯 한호韓濩(1543~1605)가 경정 이민성을 위해 썼던 글씨이고, 숙종 경자년 즉 1720년에 이민성의 증손인 이수규李秀逵가 그 글씨를 새겨서 게시했었다고 한다. 그 후 한국전쟁을 당하여 소실되었다가 이민성의 종10세손이 되는 이홍이

경정종택의 수락당

다시 글씨를 새겨 걸었다고 한다. 현판에 위와 같은 내력을 적어 두었다. 또한 수락당 뒷면 벽에는 경정종택에서 제사를 모시는 분들의 휘일諱日(제삿날)을 기록한 편액이 있다. 여기에는 학동 이광준 내외 두 분, 경정 이민성 내외 세 분, 자암 이민환 내외 세 분을 비롯하여, 종손의 3대조 내외 두 분씩 모두 열네 분의 기일忌日이 순서대로 기록되어 있다. 수락당은 재덕才德을 겸비하고 여러 고을을 다스리며 높은 업적을 쌓은, 충추목사를 지낸 만옹漫翁 이정기李廷機(1613~1669)를 위해 세워진 것이다. 이정기는 이민환李民寏의 셋째 아들로 태어나서 이민성李民宬이 아들이 없자 그의 후사後嗣가 되었다. 어릴 때부터 남달리 총명하여 하루에 수천 언을 외워 사람들을 놀라게 하였다는 일화가 있다. 1648년 문과 대과에 급제하였으며, 저서로는 『만옹유고漫翁遺稿』 2권이 있다. 원형이 많이 훼손되어 산운마을의 영천이씨 대종택인 경정종택의 옛 모습을 찾아볼 수 없어 아쉬움이 남는다. 하지만 경정종택 대문채 앞에는 400여 년이나 된 회화나무 한 그루가 위용을 자랑하며서 있어 종택과 산운마을의 역사를 묵묵히 말해 주고 있는 듯하다. 군데군데 콘크리트로 보수한 상처자국을 보여 주고 있는 이 회화나무를 보고 있노라면, 나무를 통해 삶의 참된 자세를 상징하고 있는 김남주의 시 「고목」이 순간 떠오른다.

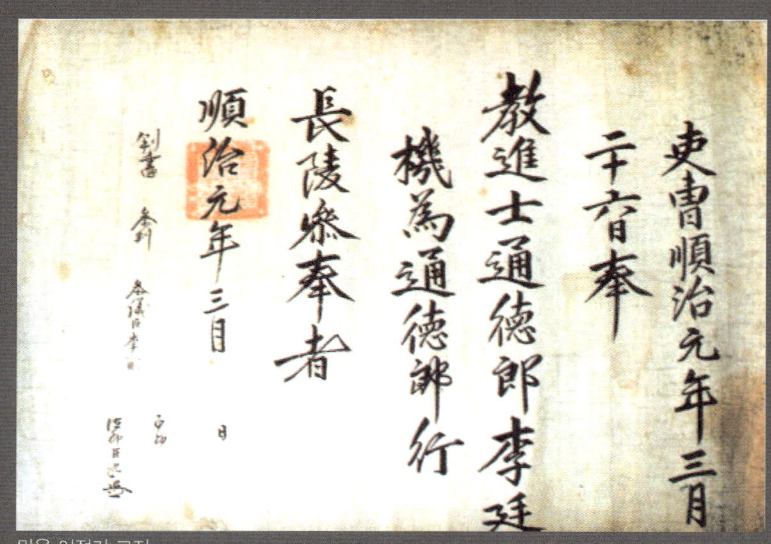

吏曹順治元年三月
二十六日奉
敎進士通德郎李廷
機爲通德郎行
長陵參奉者
順治元年三月　日
判書　參判

만옹 이정기 교지

경정종택 앞 회화나무

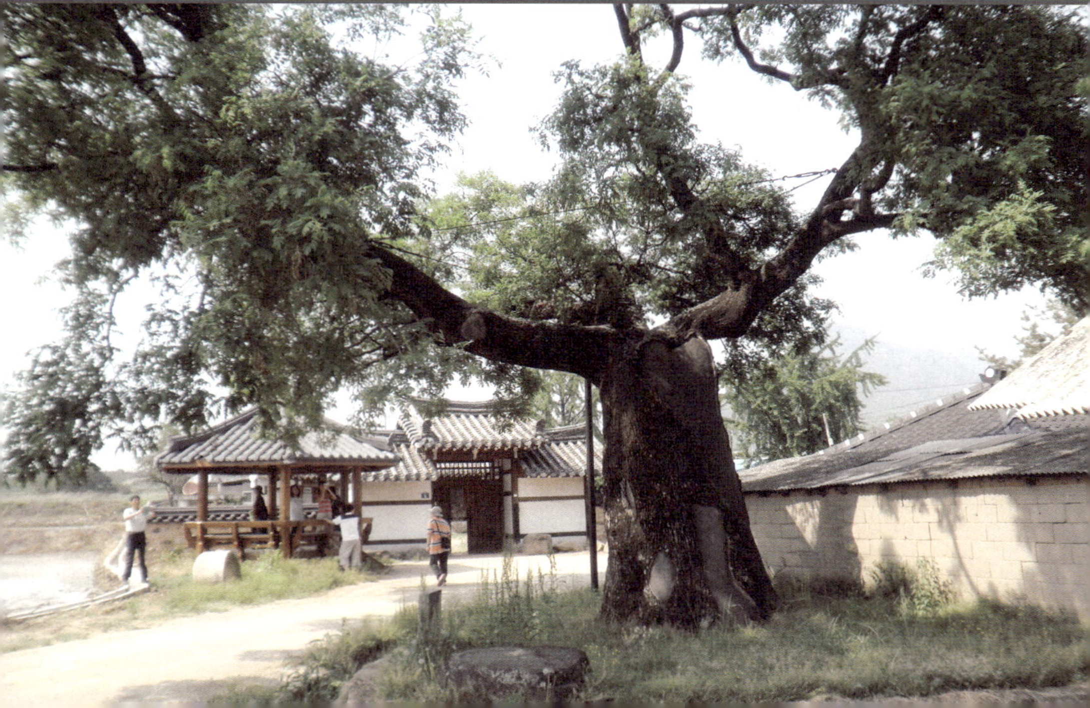

대지에 뿌리를 내리고
해를 향해 사방팔방으로 팔을 뻗고 있는 저 나무를 보라.

주름살투성이 얼굴과
상처 자국으로 벌집이 된 몸의 이곳저곳을 보라.

나도 저러고 싶다 한 오백 년
쉽게 살고 싶지는 않다 저 나무처럼
길손의 그늘이라도 되어 주고 싶다.

나무는 땅에 뿌리를 내려야 하고 온갖 비바람의 풍상을 견뎌야 비로소 자신의 존재의의를 가진다. 사람들도 마찬가지리라. 온갖 시련과 역경을 이겨내면서 사회 속에서 남들과 더불어 살아가야 하는 존재이다. 이민환을 비롯한 산운마을 지식인들이 수많은 시련과 역경을 극복하고 나라와 백성을 위해 살아갔던 자세는 현재를 살아가는 우리들에게 귀감이 된다. 경정종택 앞에 저 나무처럼, 우리들은 쉽게 살아서는 안 된다. 길손의 그늘이라도 되어 주는 자세, 즉 남과 함께 더불어 살아가는 자세가 무엇인지 생각하게 해 준다.

## 3. 명인과 동행하는 즐거운 삼부자의 행복한 금강산 여행기: 『해동삼절첩』(『유금강산권』)

학동 이광준이 산운마을로 입향한 후에 그의 아들 경정 이민성, 자암 이민환이 차례로 태어났다. 이들 삼부자가 변변한 학맥과 혈연적 배경 없이 오로지 스스로의 힘과 노력으로 문과 대과에 급제하여 산운마을을 명문가의 반열에 올렸다고 할 수 있다. 또 이민환이 낳은 아홉 명의 아들 중에 이정상과 이정기가 이어서 문과 대과에 급제하였다. 할아버지, 아버지, 손자 3대가 잇달아 문과 대과에 급제하는 것도 경이적인 일이다. 더군다나 3대에 걸쳐 5명의 문과급제자와 또한 4명의 무과급제자가 배출되었다는 것은 그 당시 정치적 현실에서 웬만한 가문이 아니고서는 거의 불가능한 일이었다. 그 후 학동의 7대손이자 이민환의 6대손인 운곡 이희발이 산운마을의 세를 더욱 확장했다. 따라서 마을을 개척하고 터를 일구어 오랜 세월 동안 가문을 빛나게 하였던 삼부자의 노력이 산운마을을 영남에서 명문가의 위치로 자리매김하게 하였다.

1603년(선조 36) 산운마을 입향조인 학동 이광준이 강원도관찰사로 있을 때, 과거에 급제하여 내한직內翰職에 있는 셋째 아들 자암 이민환과 사서직司書職에 있던 둘째 아들 경정 이민성이 휴가를 얻어서 함께 말을 타고 강원도로 와서 아침저녁으로 아버지를 봉양하였다. 그때 삼부자가 오래간만에 가족의 정을 풀고, 산수 좋은 금강산을 유람하게 되었다. 마침 강원도 간성군수로 있던 대문장가인 간이簡易 최립崔岦, 흡곡의 수령으로 있던 당세의 명필가인 석봉石峰 한호韓濩 등이 그들과 함께 동행하게 되었다. 그 당시 금강산을 말하자면 조선의 문인이라면 반드시 들러야 하는 이름난 순례지로 인식될 정도로 많은 사람들이 오르기를 소망하던 곳이었다. 이때 삼부자의 끈끈한 가족애와 조선의 명문장가인 최립, 명필가인 한호와 함께했던 금강산 여행의 감동을 적은 기행문이 서첩으로 전해진다. 그 서첩은 세 부를 만들어서 삼부자가 각각 한 부씩 간직하였는데, 그 이름을 『해동삼절첩海東三絶帖』, 즉 『유금강산권』이라고 한다.

지금까지 전해지고 있는 세 부의 『해동삼절첩』 중 두 종은 현재 경상북도 유형문화재 제317-1호, 제317-2호로 동시에 지정

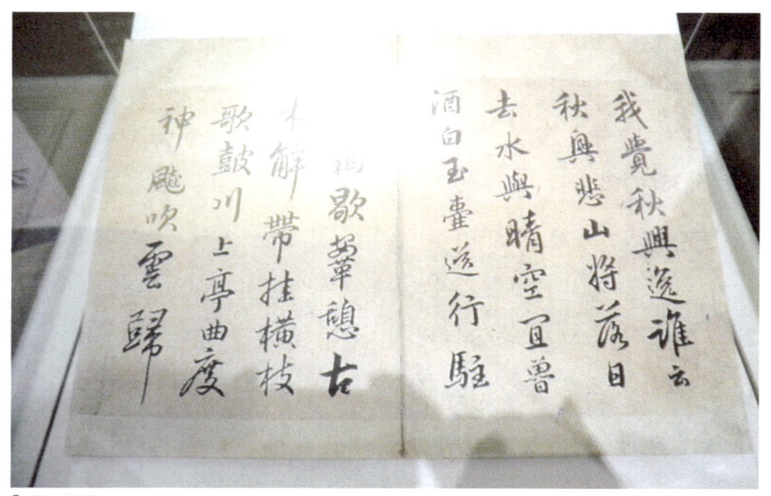


「해동삼절첩」

되어 있다. 현재 복간본 세 종은 이광준의 후손가, 이민환의 사위였던 송세빈 후손가, 부산의 고서화 수집가 도종현都鐘鉉 씨가 각각 소장하고 있다. 이광준 후손가에 소장되어 있는 의성 산운마을본은 유형문화재 제317-1호로 지정되어 있고, 성주 초전면 문덕리에 소재한 야성송씨冶城宋氏 대종재大宗齋인 추원당追遠堂에 소장되어 있는 이민환의 사위 송세빈 후손가의 성주본은 제317-2호로 지정되어 있다. 이 중에 의성 산운마을본에는 세종의 현손玄孫으로 특히 대나무 그림을 잘 그려 조선의 대표적인 묵죽화가로 이름을 떨친 탄은灘隱 이정李霆(1554~1626)이 이민환을 위해 그려 준 대나무 그림과 조선의 대표적인 실학자 성호星湖 이익李瀷이 1735년(영조 11)에 작성한 발문이 추가되어 있다. 조선을 대표하는 최립의 문장, 한석봉의 글씨, 이정의 그림을 삼절三絶이라 하였는데, 삼절의 작품이 한꺼번에 수록되어 있어서 『해동삼절첩』이라고 불렀던 것이다. 의성 산운마을본은 1책 24장, 사본寫本, 33×23cm, 저지楮紙, 포배장包背裝으로, 표지의 제목은 금강권金剛卷이며, 편철 순서와 내용은 다음과 같다.

표지 제목: 금강권金剛卷

흑죽도黑竹圖: 조선 제일의 묵죽화가인 이정의 작품

유금강遊金剛: 금강산 기행문으로 최립이 문장을 짓고, 한호가 글씨를 적은 1603년(선조 36) 작품

감상문鑑賞文: 1603년 금강산 기행문에 대한 이호민의 감상문이다. 이호민이 짓고 한호가 글씨를 적은 것으로 금강산 기행을 함께하지 못한 것에 안타까운 감정이 드러나 있다.

묵죽도墨竹圖: 이정李霆의 1603년 작품. 이민환을 위해서 대나무를 그린 그림

기記: 1603년 한호가 짓고 적은 것으로 이민환을 위해 영랑호永朗湖에서 쓴 작품

발문跋文: 1735년에 이익이 『해동삼절첩』을 보고 자신의 감상을 적은 작품

의성 산운마을본에 비해 성주본과 부산본은 1책 12장, 사본寫本, 29×20cm, 저지楮紙, 포배장包背裝이며, 표지 제목은 『유금강산록遊金剛山錄』이고, 최립이 문장을 짓고 한호가 글씨를 적은 「유금강산기」와 이호민이 금강산 기행문에 대한 감상문을 짓고 한석봉이 글씨를 적은 작품만으로 구성되어 있다.

최립은 기행문에서 삼부자가 동행하는 금강산 유람에 대해 한마디로 기걸 찬 유람이라고 평하면서, 삼부자간의 돈독한 관계를 서로 확인시켜 주는 자리이니 만약 한 폭의 그림으로 압축시키자면 그야말로 신선 일가의 형상이라고 묘사하고 있다. 최립은 삼부자가 함께 여행하는 행복한 장면을 "칠순 노인은 마치 젊은이같이 산을 높이 오르내림에 사뿐 나르는 것 같았고 잠시 붙잡고 기어오르면서도 반드는 귀한 두 아들을 뒤돌아보면서 조심하라고 이르니 부자간에 예! 하는 소리 들리는 것 같았으니, 칠순 노인인 아버지는 장래가 촉망되는 자식은 위험을 가까이해서는 안 된다는 경계인 수당지계垂堂之戒를 실천하는 듯하였다"라고 그리고 있다. 그리고 마지막으로 최립 그 또한 금강산 때문에 강원도로 왔는데, 아름다운 금강산을 자신의 어버이와 함께하지 못하는 애석한 감정을 적고 있다. 이 서첩들은 최립의 문장 솜씨뿐

만 아니라 추사 김정희가 등장할 때까지 조선조 서체의 모범이 되었던 서예의 명인 석봉 한호의 수준 높은 만년 글씨를 볼 수 있다는 점에서 중요하다. 게다가 의성 산운마을본은 이정의 대나무 그림, 삼부자의 이야기와 더불어 전래 경위에 관한 이익의 글까지 볼 수 있어 가치 있다고 할 수 있다. 그럼 여기에서 이익의 발문을 보자.

학동 이공 광준 집에 소장하고 있는 해동삼절에 대한 발문

鶴洞李公光俊家藏海東三絶跋

우리나라의 이름난 경승지를 논하자면 금강산金剛山만을 천하의 사람들이 모두들 사모한다. 우리나라의 화려한 재능을 갖춘 이를 논하자면 중국 하夏나라, 은殷나라, 주周나라에 전해진 삼대의 보배인 솥과 큰 종처럼 대단한 명망을 가진 간이簡易 최립崔岦의 문장과, 제갈량의 팔진八陣과 당나라 이정의 육화六花처럼 변화무쌍한 석봉石峯 한호韓濩의 글씨를 일컫는다. 금강산과 최립, 한호의 그 기록들이 여기에 다 모여 있으니 실로 성대하다고 하겠다. 1603년(선조 36) 연간에 최립과 한호는 모두 강원도 지방에서 벼슬살이를 하고 있었는데, 그 고을에서 금강산과의 거리는 가까웠다. 이에 그들은 모두 강원도관찰사이던 학동鶴洞 이광준李光俊 공과 만날 약속을 맺고 달려

갔다. 당시에 이광준 공의 둘째 아들인 경정敬亭 이민성李民宬은 사서司書 벼슬로, 막내아들(이광준의 막내아들이 아니라 셋째 아들임, 이익이 잘못 알고 썼다) 자암紫巖 이민환李民寏은 내한內翰 벼슬로 있다가 함께 휴가를 얻어 말을 타고 와서 아침저녁으로 아버지를 봉양하였다. 그리고 산 입구에다 그들을 위해 영화로운 자리를 마련하였다. 이에 최립으로 하여금 금강산 기행을 기록하게 하고, 한호로 하여금 붓을 잡고 쓰게 하였으니, 아마도 예원藝苑에서도 이와 같은 즐거운 일은 없었을 것이다. 또 석양공자石陽公子(石陽君에 봉해진 李霆을 말함) 이정李霆이 금제金題(책의 제목)와 금담錦贉(책의 권수에 붙이는 비단 헝겊) 사이에 대나무를 그린 그림 한 폭을 보탠 것이 있어 지금에 이르도록 첩帖을 만들어 갈무리하여 의성고을 산운山雲에 영천이씨永川李氏 집안에서 전해 오는 소중한 보물로 삼았다고 말한다. 옛날에 중국 당唐나라의 문장가인 왕발王勃이 조정에서 쫓겨나서 등왕각滕王閣에 노닐고서 지은 서문序文에 "저의 아버지가 고을 현령으로 계시는데, 뵈러 가는 길에 이곳 명승지를 지나게 되었다"라는 말이 있다. 하물며 이광준 공은 바야흐로 한 지방의 관찰사의 임무를 지키고 있고, 이민성과 이민환이 연이어 급제하여 광채를 빛내어 신선 고을에서 모시고 노니니, 즐거움이 어찌 그리 많은가? 돌아보건대 이광준 공은 향년이 이미 73세이니 한 가문 안에 온갖 복이 다 모여 있도다.

나는 이 첩帖이 천고에 더불어 짝할 만한 상대가 없음을 알겠도다. 하지만 변변찮은 내가 그 아래에 이름을 남기게 되었으니, 또한 내가 삼묵三墨의 다음에 있다 할지언정 사양할 일이 없을 것이다.

論東方地勝, 惟金剛爲天下人所萃慕, 論國朝才華, 崔簡易文如九鼎大呂, 韓石峯書如八陣六花, 其紀事於斯爲盛矣. 萬曆癸卯間, 兩公俱出宰嶺東郡, 郡距山伊邇也. 於是皆赴方伯鶴洞李公之約. 時鶴洞公之仲子敬亭公以司書, 季子紫巖公以內翰, 休暇共鑣來, 奉晨昏, 山門爲之賁榮. 乃使簡易記行, 石峯拈筆, 殆藝苑無上樂事. 又有畫廚如石陽公子寫竹於金題錦贉之間, 至今帖藏, 爲李氏家傳重寶云. 昔王子安逐于朝, 歷滕閣, 序有家君作宰, 路出名區之語. 而况鶴洞公方按一面之節, 敬亭紫巖, 聯輝幷暎, 陪遊於神仙洞天, 不其多乎. 鶴洞公顧享年時已七十有三, 一門之內, 百福來集. 是帖也吾知隻千古無與偶, 而不佞得以題名左方, 亦庶幾無遜於三墨之次者乎.[1]

이익은 이 『해동삼절첩』이 천고에 더불어 짝할 만한 상대가 없겠다고 하였다. 이는 과거에 급제하여 세상을 경영할 기개와 포부에 가득 찼던 혈기왕성한 두 아들이 늙은 아버지를 모시고 금강산을 유람했던 행복한 여행의 기록이고, 또 당대에 문장과 글씨와 그림에 뛰어났던 조선 삼절의 흔적을 모두 살펴볼 수 있는 기록이기에 그렇게 말했을 것이다. 명인들과 함께한 삼부자의 즐거운 여행을 영원화하려는 시도에서 이 첩은 만들어졌던 것이다. 금강산 기행문은 조선조에 많이 기록되어 있으나, 이 작품처럼 정확한 연대가 서술되어 있고 최립과 이호민의 문장과 한석봉의 글씨들 그리고 이정의 대나무 그림이 삼위일체로 완전히 갖추어져 있으면서도, 더군다나 후세의 이익의 발문까지 수록하고 있는 것은 아주 드문 실정이다. 다시 말해서 저작자, 필사자, 서화가가 모두 당대의 뛰어난 명인이라는 점과 그 전래 경위가 소상히 밝혀져 있다는 측면에서 가치 있는 작품이라 하겠다.

주

1) 李瀷, 『星湖先生全集』, 권56.

# 제5장 자암가의 제례 이야기

# 1. 허식보다 공경하는 마음이 소중하다: 「자암종택제품정식」

영천이씨가 1552년 처음으로 간행하였던 족보의 「연파록서聯派錄序」에서 자암 이민환의 증조부인 우암牛巖 이세헌李世憲은 "만물은 하늘에 근원을 두고 사람은 조상에 근본을 두는 것이다. 그러므로 한 해 절기의 시작인 동지冬至에 만물의 근원인 하늘에 제사를 지내고, 사람의 근본인 조상에게 봉향하는 것은 이러한 까닭이다"라고 먼저 정자程子의 말을 인용하면서 특히 "지금 사람들은 자기 몸만이 있는 것을 알 뿐 조상에 근본하는 것을 알지 못하고 또한 조상의 유래된 바를 알려고도 하지 않으니, 만물의 영장이라고 하는 사람으로서 이것이 어찌 옳은 일이라 하겠는가? 대체로 뿌리가 굳어야 지엽이 무성한 것이고, 근원이 깊어야

물이 길게 흐를 수 있는 것이다. 천지가 있은 뒤에 부부가 있고, 부부가 있은 뒤에 부자가 있는 것이요, 부자가 서로 이어 이어서 백대에 끊임이 없는 것은 그 조상의 깊고 두터운 덕이 자손들에게 미쳐서 영구히 끊임없이 이어지는 것이니, 자손으로서 조상을 받들고 일가를 소중히 여기는 것이 곧 그러한 까닭이다"라고 강조하였다. 이는 한 인간존재로서의 근본을 아는 것이 바로 자신의 정체를 아는 지름길이라는 말이다.

과거 전통사회에서는 돌아가신 조상을 추모하고 그 은덕에 보답하는 최소한의 성의 표시가 제례라는 방법으로 나타났다. 제례란 동양에서 인간의 죽음은 생물학적인 육체는 사라진다 하더라도 그 정신은 다른 세계에 있으면서 살아 있는 자들과 끊임없이 소통을 지속한다는 믿음에 기초하고 있다. 하지만 이런 철학적인 논의를 떠나서 상식적으로 제례는 나를 낳아 주고 길러 주고 돌봐 준 부모님이나 오늘의 나를 존재하게 해 준 조상에 대하여 정성을 다하는 인간적인 예의이자 최소한의 도리이다. 그래서 몇십 년 전만 하더라도 제사 때 바치는 음식은 조상님 대접이라 하여 제일 좋은 걸로 구입해서 올렸고, 제수를 준비할 때도 목욕재계하여 정성을 다해서 준비했다. 이처럼 제사의 기초에는 근원적인 존재 찾기와 인간적인 효도사상이 바탕을 이루고 있다. 이처럼 제사를 통해 자기 존재의 뿌리를 확인하고 생명의 근본을 깊이 새기면서 자기 존재를 확인한다. 제사는 가문의 전통과 정신을 배우는 의식이자, 또한 같은 뿌리를 가진 친족 구성원들 간의 결속과 우의를 다지는 장이기도 하다.

하지만 조선 중후기 유교 예절에서는 제사 절차의 세밀한 형식성과 복잡성을 강조하는 방향으로 나아갔다. 후손으로서의 인간적인 예의이자 도리라는 제사의 일반적인 상식보다도 제사라는 형식에 형이상학적인 옷을 입히고 특정한 법칙과 규칙을 철저히 강조하는 이론화의 방향으로 움직였던 것이다. 또한 17세기 후반, 조선 후기 시대부터 그 당시로서는 선진적인 제도라 할 수 있는 부계사회로 이동함으로써 봉제사에 있어서 철저히 남성 중심의 제사를 강조하며 남녀의 차별이 생겨났다. 이에 따라 제사는 장남과 맏며느리가 독점하게 되고 재산 상속의 지분도 독점하게 된다. 이때부터 제사의 주체가 장남과 맏며느리였고, 제사를 모시는 것도 막중했다고 할 수 있다. 당시 장남과 맏며느리의 권한과 권위는 오늘날과 비교할 수 없을 만큼 막강했다고 할 수 있다. 제사가 사회를 사는 인간들이 조상을 추모하는 의미에서 만들어졌고, 다시 사회의 필요에 의해서 변화되어 왔다는 것은 역사적으로 증명되고 있다. 시대가 급변하면서 제사의 의미가 새로운 방법으로 변화해야 하지만, 현재까지 형식적으로 변함이 없는 실정에서 제사의 부정적인 측면이 대두되고 있다.

개인의 자유가 절대시되고 남녀의 평등이 강조되는 현대 자본주의사회에 접어들면서 제사의 바람직한 긍정적인 측면보다 제사 절차의 형식성과 복잡성, 제사 준비나 집행의 가부장성 때문에 부정적인 측면이 부각되고 있는 실정이다. 게다가 제사에서 시대의 변화상을 무시하고 장남과 맏며느리의 역할만을 강조하였다. 이로 인해 제사가 우리의 전통문화가 아닐 뿐더러 가부장적인 제도만 강화하는 폐습이고, 제사로 인해 집안 사이에 갈등만 커지기 때문에 없어져야 한다는 주장까지 들리는 실정이다. 특히 제사를 어렵게 만드는 요인은 바쁘게 돌아가는 현대사회에서 시장을 보고, 음식을 준비하고, 제사상을 차리고, 제사를 지내는 행위 방식에 있다. 이 과정에서 여성의 일방적인 노동과 희생만을 강요했다는 것 또한 피할 길 없다. 이는 제사의 기본 정신을 무시하고 오직 표면적이고 형식적인 예에 집착한 데서 비롯된 일이 아닐까?

제사에서 가장 중요한 것은, 내면적으로는 마음에서 우러나오는 정성이고, 외면적으로는 엄숙한 절차에서 나오는 예의이다. 다시 말해 복잡한 사회현실 속에서 부정한 일을 멀리하고 흐트러진 마음자세를 바르게 하면서 인간의 기본 뿌리를 생각하고 성찰 반성하는 내면적인 과정과, 그 내면이 겉으로 드러날 수밖에 없는 예의 외면적인 절차가 완전히 어울린 상태에서 조상에게 제사를 지낼 때에 비로소 내용과 형식이 조화롭게 결부된 제사가 된다. 내면적인 인과 외면적인 예가 하나로 일치된다는 말에 다름 아닌 것이다. 하지만 지금 사회에서는 형식적인 외면적 절차인 예가 인간의 기본 정신인 내면적인 과정에서의 정성스러움과 일치되지 않고 지나치게 가식화되거나 율법화되기에 제사의 부정적인 측면과 병폐가 초래되는 것이다. 시대의 변화에 따라 제사상의 진설이나 제례방법 등 예의 외면적인 절차에 자신이 없다면 차라리 마음에서 우러나오는 정성스러움 하나만으로 진실하게 조상을 모시는 것이 예의 형식적인 측면만을 강조하여 정성 없이 지내는 제사보다는 훨씬 나을 것이다. 자암 이민환은 이런 제사의 본질에 주시하면서 「자암종택제품정식紫巖宗宅祭品定式」을 적어, 자신의 뿌리를 생각하는 정성스러운 마음 자세, 절차에서의 엄숙함과 공경함, 제물의 검소함과 소박함, 시대에 따른 제사의 참모습 등에 대하여 유연하게 언급하고 있다.

자암종택 제품정식

무릇 집안에서 근원에 보답하고 멀어진 사람을 추모하는 정성을 표출하는 방법으로는 제례祭禮가 중대하다. 선유先儒들이 정해 놓은 의식이 명백하지 않은 것은 아니지만, 말세의 풍속에서는 제물이 많은 것만 귀하게 여기고 여러 가지 희귀한 물품을 진설하는 데에만 신경을 쏟는다. 춘추시대 굴도屈到라는 사람이 자기 제사에 개인적으로 세발마름을 올리라고 한 것과 진배없으니 대체로 귀신을 섬기면서 엄숙하고 공경하게 하는 도리가 전혀 아니다. 내가 바로잡아 정리하고자 하였다. 그러나 '예禮는 선조先祖가 하던 대로 따른다'는 뜻에 어긋난다는 혐의가 없지 않아서 정중하게 바꾸지 못하였으니, 일찍이 몰래 개탄하였다. 나는 지금 늙어서 언제 땅속에 묻힐지 모르는데, 만약 옛날에 하던 대로 따르기만 하고 바꾸지 못한다면 고쳐서 바로잡을 날이 영원히 없게 될 것이다. 이에 감히 옛날에 진설했던 것 중에서 요즘에도 마땅한 것과 새로운 물품 중에서 의리에 해로움이 없는 것을 취하여 영원토록 의식으로 정해서 사치하지도 않고 너무 아끼지도 말아서 적중함을 얻도록 힘쓰게 한다. 오직 갖춤에 있어 소박함이 있고 사용함에 법식이 있다면 오랜 세월이 지나도록 폐해지지 않을 수 있을 것이다. 시속명절과 같은 경우에는 '제철에 나는 음식물을 올린다'라고 선유들이 정해 놓은 논의가 있으니 사시四時에 지내는 정제正祭가 아니라면 올려도 해로움이 없을 것이다. 오직 우리 자손들이 반드시 성실하고 반드시 공경하는 자세로 마음을 다하여 받들어 행한다면 조상들이 어찌 흠향하지 않겠는가? 만약 다시 잠깐 행하다가 금방 그만두어서 구습舊習을 따르는 데로 귀결된다면, 우리 선조들이 '나에게는 후손이 있구나!'라고 여기려고 하겠는가?

제물祭物

○ 유과油果: 온 나라에서 중하게 여기는바, 매 위位마다 약과藥果를 사용한다.

○ 과일(果): 잣(柏子) · 밤(栗子) · 대추(大棗) · 개암(榛子) · 곶감(乾柿) · 호두(胡桃) · 산포도山葡萄를 미리 준비하여 저장한다. 매 위마다 정확히 다섯 홉(合)을 담고 곶감은 세 꼬치(串)이다.

○ 제철과일(時果): 앵두(櫻桃) · 복분자覆盆子 · 능금(來禽) · 포도葡萄 · 배(梨) · 홍시紅柿 · 석류石榴

○ 나물(菜): 도라지(桔)와 삼蔘을 사용한다. 저민 나물(菹): 줄(菰)과 무(蘿)를 사용한다.

○ 건어乾魚: 머리 · 꼬리 · 껍질을 제거한 대구大口를 사용한다. 매 위마다 한 마리를 두 조각으로 만들어 올린다. 많아도 두 마리를 넘지 않고 적어도 한 마리보다 적게 하지 않는다. 문어文魚와 전복全鰒을 추가로 진설하면 그것을 없앤다.

○ 포脯: 소(牛)와 사슴(鹿)을 사용한다. 반듯하게 잘라서 말린다. 매 위마다 네 조각을 사용한다.

○ 해醢: 냇물에서 잡은 물고기를 사용한다. 매 위마다 여섯 홉을 사용한다.

○ 병미餠米: 매 위마다 한 말(斗)이다.

○ 면말麪末: 매 위마다 두 되(升)이다.

○ 반미飯米: 매 위마다 두 되이다.

○ 면麪에는 산적散炙과 침채沈菜가 있다. 병餠에는 상병上餠과 봉밀병蜂蜜餠이 있다. 적炙은 산 사람이 먹을 때에는 그것을 치운다.

○ 옛사람들은 적간炙肝을 귀하게 여겼는데 항상 구할 수 있는 물품이 아니므로 육적肉炙으로 대체한다. 어탕魚湯은 때가 아니면 얻기 어려우니 닭이나 꿩으로 대체한다.

○ 제주祭酒: 한 병

○ 산신제山神祭: 일체一體를 정비精備하여 묘소 왼쪽의 가까운 곳 중에서 깨끗한 지점에 나아가서 자제子弟 세 사람으로 하여금 예법에 맞게 진설하여 행하도록 한다.

○ 제사를 마친 뒤에는 자제 한 사람이 제기祭器를 거두는 것을 감독하고 깨끗이 씻어서 수건으로 닦은 뒤에 궤짝에 넣어서 자물쇠를 잠그고는 맡아서 지킬 자에게 주어 갈무리하여 두도록 한다.

紫巖宗宅祭品定式[1]

凡人家報本追遠之誼. 祭禮爲大, 先儒定式, 非不明白, 而末俗惟以多品爲貴, 骨董陳設, 半是屈芰之私, 殊非事神嚴敬之道.

余欲釐而正之, 不無嫌於從先祖之意, 鄭重而未果, 嘗竊慨歎, 余今老矣. 朝夕入地, 若復因仍不變, 則永無革正之日. 玆敢取古設之宜於今者與新物之無害於義者, 永爲定式, 不侈不儉, 務令得中. 惟在備之有素, 用之有式, 可以永久而無廢矣. 若其俗節, 則獻以時食, 有先儒定論. 非如正祭之設, 薦之無害. 惟我子孫, 必誠必敬, 盡心奉行, 祖先安有不歆乎. 若復乍行乍廢, 歸於因循, 我祖先其肯曰予有後.

祭物

○ 油果, 擧國所重, 每位用藥果.

○ 果, 柏子栗子大棗榛子乾柹胡桃山葡萄預爲備藏, 每位正實五合, 乾柹三串.

○ 時果, 櫻桃覆盆子來禽葡萄梨紅柹石榴.

○ 菜, 用桔, 蔘. 菹, 用苽, 蘿.

○ 乾魚, 用大口去頭尾及皮, 每位一尾, 作兩片, 多不過二尾, 小不下一尾. 文魚全鰒之加設, 去之.

○ 脯, 用牛. 鹿, 方正裁乾, 每位, 用四條.

○ 醢, 用川魚, 每位, 用六合.

○ 餠米, 每位一斗.

○ 麪末, 每位二升.

○ 飯米, 每位二升.

○ 麪有散炙. 沈菜. 餠有上餠. 蜂蜜餠. 炙, 生人之食去之.

○ 古人以炙肝爲貴, 而非常得之物, 以肉炙代之. 魚湯不時難得, 則代以鷄雉.

○ 祭酒, 一瓶.

○ 山神祭, 一體精備, 就墓左近地潔處, 令子弟三人, 設行如禮.

○ 祭畢後, 子弟一人, 監收祭器, 洗滌拭巾, 盛櫃鎖鑰, 以授典守者, 藏置.

이 글에서 자암은 먼저 제례의 중요성을 언급하고 난 다음에, 제사의 전체적인 행위 속에 세세한 형식은 그다지 중요하지 않고 제사의 물품보다는 마음속에서 우러나오는 인간의 예의범절에 대한 기준을 더 요구하고 있다. 말세의 풍속에서는 제물이 많은 것만 귀하게 여기고 여러 가지 희귀한 물품을 진설하는 허식에만 신경을 쏟는데, 이는 잘못된 의식이기에 후손들은 신경쓰지 말고 현실에서 쉽게 구할 수 있는 것을 사용하고 반드시 조상을 성실하고 공경하는 마음 자세로 제사의 절차를 받들면 된다는 당부이다. 제물보다 제사의 내면적이고 외면적인 절차를 통해 조상과 고리를 맺고 이어진다는 것이다. 따라서 옛날의 진설법도 요즘에 마땅하면 그대로 사용하고, 새로운 물품 중에서 의리에 해로움이 없는 것을 취하여 영원토록 정식定式을 삼아서 너무 사치하지도 않고 너무 아끼지도 말고 적중함을 얻도록 힘쓰게 하는 것이 중요하다는 것이다. 제사는 자손들이 조상을 추모하는 형식이다. 시대적인 현실에 맞추어서 진설법과 절차는 달리 할 수 있으나 오직 정성스러운 마음가짐과 공경한 예의 자세로 제사를 지내면 자손으로서 조상에 대한 예를 다하는 것이다. 자암은 "자손들이 공경과 정성은 도외시하고 옛날 구습舊習의 병폐를 따르는 데로 귀결된다면, 우리 조상들이 '나에게는 후손이 있구나!' 라고 여기려고 하겠는가?" 라고 지적하고 있다. 자암은 제사에 대해서 기본적인 정신은 유지하면서 시대현실에 맞춘 유연하고 실용적인 자세를 견지하고 있는 셈이다. 제사와의 만남을 통해 조상과 소통의 끈을 유지하고, 현실에서는 혈육의 돈독한 정을 나누는 우리 고유의 미풍양속으로 변모될 것이라고 말하고 있다.

## 2. 시대의 변화상에 맞춘 불천위 제사의 풍경들

자암 이민환의 불천위 제사는 그의 정신을 이어받아 시대현실에 맞게 실용적으로 변화하였다. 변하지 않는 것은 자암을 생각하는 자손들의 정성스러움과 공경스러움이다. 자암의 불천위 제사는 기일에 맞추어 지내지 않는다. 아버지 학동 이광준과 형 경정 이민성과 함께 산운마을 입구에 있는 학록정사 광덕사에서 매년 4월 첫째 주 일요일 오전에 향사 형식으로 모시고 있다. 이렇게 된 까닭은 한국전쟁으로 산운마을이 참화를 입자 자암과 경정의 위패를 종가 사당에서 학록정사의 광덕사로 옮겼기 때문이다. 일제강점기 때 나라를 되찾기 위한 독립운동에 종사하면서 집안의 가세가 기울었다는 점, 한국전쟁의 참변으로 인해 종가에서 전통적인 방식을 고수할 조건이 안 되었고, 먹고 살기 어려울 때 고향을 지키면서 생계를 도모할 수 없었다는 점, 살기 위해서 도시로 떠나야 되었다는 점, 농경사회에서 구심점 역할을 하였던 종가의 권위가 약화되었던 점 등이 복합적으로 작용하면서 자암가의 전통적인 제례 방식에 변화를 가져오게 되었다.

산운마을의 불천위 제사는 자암뿐만 아니라 학동 이광준이나 경정 이민성도 모두 기일에 맞추어 지내지 않고 금성산이 정면에 보이는 학록정사 광덕사에서 공동으로 4월 첫째 주 일요일 오전 11시로 날짜를 정해 향사 형식으로 지내고 있다. 가을에 지내는 묘사는 삼부자의 묘가 각각 떨어져 있기 때문에 의성 도리원에 있는 학동과 경정의 묘사는 10월 1일에, 영양 하풍에 있는 자암의 묘사는 10월 5일에 지내고 있다. 한국전쟁이 끝난 1950년대 중반 이후부터 이렇게 지냈다고 한다. 향사와 묘사는 종가보다도 종친회, 즉 영천이씨 학동종회에서 일일이 준비하고 종손과 종부가 참여하는 형식을 띠고 있다. 영남지방 다른 종가에서는 상상하기 힘든 현실적이고 혁신적인 방법이다. 제사 장보기, 제사 음식 준비하기, 제례의 절차와 방법 등은 종친회에서 각각의 유사에게 맡겨서 집행한다. 불천위 제사 며칠 전부터 종친회를 중심으로 의성장에서 제사 물품을 준비하고, 학록정사에서 종손과 종부, 종친들과 그 부인들이 협동하여 각자 특기에 맞는 음식을 정성스럽게 만들면서 혈육의 돈독한 정을 나눈다. 제사 물품 준비와 음식 준비에만 10여 명 이상의 인원들이 자발적으로 참여한다. 종손과 종부의 부담을 최소화시키는 방식으로 제례가 진행되는 것이다. 여성의 일방적인 노동과 희생만을 강요하는 제사의 부정적인 측면을 완전히 탈피하고 있는데, 지금 현실에서 제사 지내기의 방법과 절차에 분명히 참고할 만하다. 제사의 부담을 종손에게 완전히 떠맡기는 것이 아니라 조상을 추모하는 자손들을 중심으로 참여하면서 업무를 분장하는 민주적인 방식이다. 제사 당일에는 종친회의 전례부장의 주관 아래 제례의 형식이 진행된다. 이때 참석한 상황을 보아 임무를 맡을 집사를 각각 분정하고 축문도 쓴다.

학록정사 광덕사에는 세 개의 감실에 각각 신주를 보관하는 주독이 있다. 정면의 감실에는 입향조인 학동 이광준과 부인 평산신씨의 위패가 있고, 왼쪽 감실에는 경정 이민성과 그의 두 부인 양양권씨와 의령남씨의 위패가 있다. 오른쪽 감실에는 자암 이민환과 그의 두 부인 광주이씨와 남양홍씨의 위패가 모셔져 있다. 4월 첫째 주 불천위 향사는 광덕사의 세 개 감실 앞에 각각 제사상을 차린다. 부인에 따라 학동의 제사상에는 밥 두 그릇이 올라가고, 자암과 경정의 제사상에는 밥 세 그릇을 올리며, 그 밖의 제사 음식은 동일하다. 각각의 종손들이 초헌관을 맡는다. 하지만 현재 산운마을 입향조 학동의 대종손이 없는 까닭에 학동의 종손은 관례적으로 영천이씨 학동 종회장이 맡고 있다.

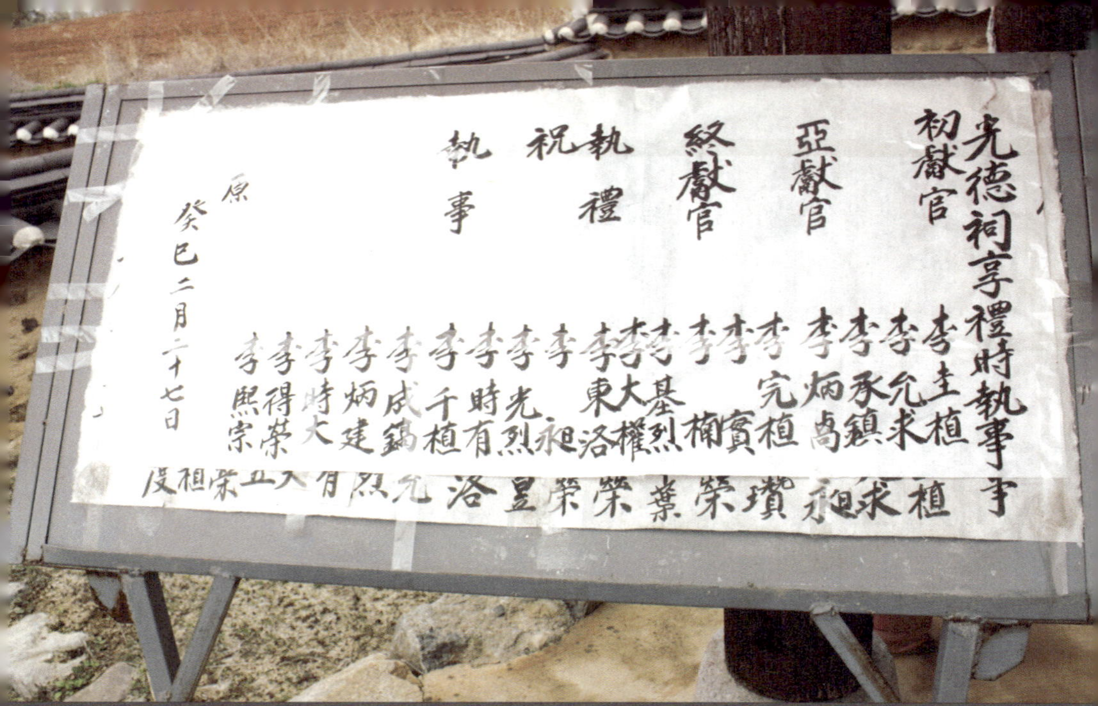

光德祠享禮時執事

初獻官
亞獻官
終獻官
執禮
祝
執事

李圭植 李允求 李承鎭 李炳禹 李完植 李寶 李楠 李基烈 李大權 李東洛 李祀 李光烈 李時有 李千植 李成鎬 李炳建 李時大 李得榮 李熙宗

原

癸巳二月二十七日

집사분정기

축문

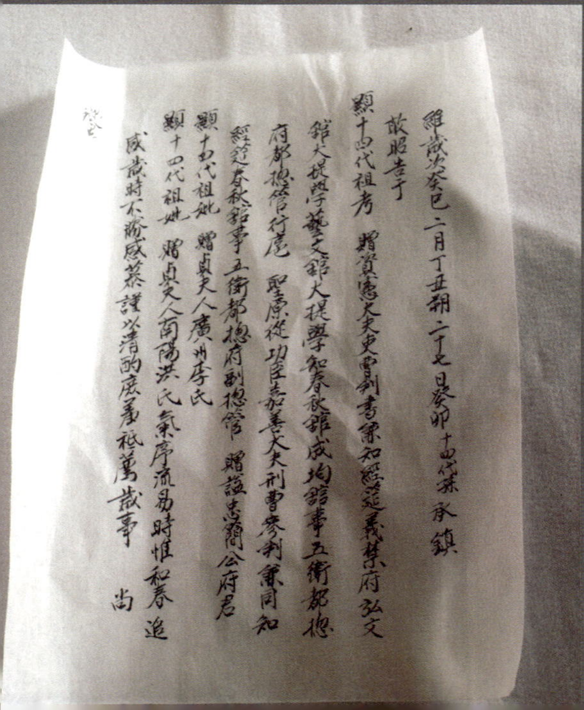

維歲次癸巳二月丁丑朔二十七日癸卯十四代孫承鎭
敢昭告于
顯十四代祖考 贈資憲大夫吏曹判書兼知經筵義禁府弘文
館大提學藝文館大提學知春秋館成均館事五衛都摠
府都摠管行虎 聖原從功臣嘉善大夫刑曹參判兼同知
經筵春秋館事五衛都摠府副摠管 贈諡忠簡公府君
顯十四代祖妣 贈貞夫人廣州李氏
顯十四代祖妣 贈貞夫人南陽洪氏氣序流易時惟仲春追
感歲時不勝感慕謹以清酌庶羞祗薦歲事 尙

자세한 것은 모르지만 학동의 대종손이 조선조 서자 출신이었기에 신분제의 굴레로 인해 당시 종손으로서의 권위를 인정받지 못하자 산운마을에 풍파를 일으키고 떠난 뒤 줄곧 외손봉사되었다는 이야기가 전해지고 있다. 대종손으로 추측할 수 있는 이광준의 첫째 아들 이민홍의 장자인 이제륙은 무과에 급제하여 자암 이민환과 요동 심하의 전투에 종군하여 자암이 자결하려는 것을 말린 기록이 전해지고 있고 후에 정이품인 무지사武知事의 벼슬에까지 올랐던 인물이다. 족보상으로 추측해 보면 아마 이 인물이 서자였던 것 같다. 이때부터 족보에 외손봉사되었다는 기록이 존재하고 있다. 따라서 족보상에 이제륙에 관한 이야기와 그의 후손에 관한 상세한 기록이 없는 실정이다. 지금으로서는 상상하기 어려운 일이지만 허식적인 명분, 고루한 형식과 절차만을 강조하였던 조선조 신분사회의 불합리한 시대상이 반영되어 있어 씁쓸하다. 영천이씨 학동종회에서 대종손의 혈통을 계승하기 위해 이민홍의 장자인 이제륙의 후손을 찾아 제대로 된 종통을 계승하여야 한다는 일부 의견이 제기되고 있다는 소리를 얼핏 들었다. 조선조 신분사회의 불합리함을 현대사회에서 극복하면서 조상의 참된 모습을 복원하고자 하는 그 노력 속에 미래의 현대적인 종가의 모습을 그려 볼 희망을 가져 볼 수 있겠다. 현재로부터 수백여 년의 시간이 흘렀기에 대종손을 찾을 수 있을는지는 모르겠지만, 과거 신분제의 폐해로 생긴 조선조의 집안 갈등을

제수 진설

제관 도열

현대적으로 해소하길 기원해 본다.

참신례에서는 학동, 경정, 자암의 제사가 동시에 진행된다. 참신례에서는 사당문을 열고, 제사 진설을 살펴보고, 주독을 열면서 진행된다. 초헌례는 학동, 경정, 자암의 순서대로 각각 진행한다. 그리고 아헌례와 종헌례와 사신례는 또 삼부자가 동시에 진행하는 식이다. 영남지방 종가에서의 출주 형식은 광덕사에서 주독을 여는 것으로 대체하고 그 밖의 제례 절차는 모두 초헌례, 아헌례, 종헌례, 사신례 속에 녹아 있다. 제사 진행 상황을 적은 홀기笏記를 보면 자세히 알 수 있다.

獻官○俯○伏○祝奉祝板○東向跪○讀于獻官之左○獻官
少退再拜○鞠躬降復位○執事退酒
行亞獻禮
亞獻官升自阼階○盥手○鞠躬詣神位前○跪○執事酌酒進于
獻官○獻官受爵○以爵受執事○執事奉奠于○神位前○獻
官○俯○伏○執事進炙○獻官少退再拜○鞠躬降復位○執事
退酒
行終獻禮
終獻官升自阼階○盥手○鞠躬詣神位前○跪○執事酌酒進于
獻官○獻官受爵○祭酒○以爵受執事○執事奉奠于神位前○

홀기

○ 行參神禮(참신례를 행함. 학동, 경정, 자암 동시 진행)

· 初獻官以下諸執事詣祠堂前敘立: 초헌관 이하 모든 집사는 사당 앞에 나아가 차례로 서시오.

· 祝啓門: 축관은 사당 문을 여시오.

· 降復位: 내려가 제자리로 돌아가시오.

개독

강신례

· 執事引初獻官點視陳設: 집사는 초헌관을 인도하여 진설을 살펴보게 하시오.

· 降復位: 내려가 제자리로 돌아가시오.

· 祝啓櫝: 축관은 주독主櫝(신주를 보관하는 함)을 여시오.

· 獻官以下皆再拜: 헌관 이하는 모두 두 번 절하시오.

○ 行初獻禮(초헌례를 행함)

〈학동 초헌〉

· 初獻官升自阼階: 초헌관은 동편 계단으로 오르시오.

· 盥手: 손을 씻으시오.

· 鞠躬詣觀察使府君神位前: 국궁하고 관찰사 부군의 신위 앞으로 나아가시오.

· 跪: 꿇어앉으시오.

· 焚香三上: 향 셋을 살라 올리시오.

· 再拜: 두 번 절하시오.

· 執事立獻官之左右: 집사는 헌관의 좌우에 서시오.

· 執事酌酒進于獻官: 집사는 술을 따라 헌관에게 드리시오.

· 獻官受爵灌于茅沙: 헌관은 잔을 받아 모사에 부으시오.

· 俯 伏 興 少退再拜: 부복하고 일어나 조금 물러서 두 번 절하시오.

· 獻官跪: 헌관은 꿇어앉으시오.

· 執事酌酒進于獻官: 집사는 술을 따라 헌관에게 드리시오.

· 獻官受爵: 헌관은 잔을 받으시오.

· 以爵授執事: 잔을 집사에게 주시오.

· 執事奉奠于觀察使府君神位前: 집사는 받들어 관찰사 부군의 신위 앞에 올리시오.

· 啓飯盖: 메 뚜껑을 여시오.

· 獻官 俯 伏: 헌관은 부복하시오.

· 執事酌酒進于獻官: 집사는 술을 따라 헌관에게 드리시오.

· 獻官受爵: 헌관은 잔을 받으시오.

· 以爵授執事: 잔을 집사에게 주시오.

· 執事奉奠于贈貞夫人平山申氏神位前: 집사는 받들어 증정부인 평산신씨 신위 앞에 올리시오.

· 啓飯盖: 메 뚜껑을 여시오.

· 獻官 俯 伏: 헌관은 부복하시오.

· 祝奉祝板: 축관은 축판을 받드시오.

· 東向跪: 동쪽을 향하여 꿇어앉으시오.

· 讀于獻官之左: 헌관의 왼쪽에서 축문을 읽으시오.

· 獻官少退再拜: 헌관은 조금 물러서 두 번 절하시오.

· 鞠躬降復位: 국궁하고 내려가 제자리로 돌아가시오.

〈경정 초헌〉

· 初獻官升自阼階: 초헌관은 동편 계단으로 오르시오.

· 盥手: 손을 씻으시오.

· 鞠躬詣左承旨府君神位前: 국궁하고 좌승지 부군의 신위 앞으로 나아가시오.

· 跪: 꿇어앉으시오.

· 焚香三上: 향 셋을 살라 올리시오.

· 再拜: 두 번 절하시오.

· 執事立獻官之左右: 집사는 헌관의 좌우에 서시오.

· 執事酌酒進于獻官: 집사는 술을 따라 헌관에게 드리시오.

· 獻官受爵灌于茅沙: 헌관은 잔을 받아 모사에 부으시오.

· 俯 伏 興 少退再拜: 허리를 굽혀 엎드렸다가 일어나 조금 물러서 두 번 절하시오.

· 獻官跪: 헌관은 꿇어앉으시오.

· 執事酌酒進于獻官: 집사는 술을 따라 헌관에게 드리시오.

· 獻官受爵: 헌관은 잔을 받으시오.

· 以爵授執事: 잔을 집사에게 주시오.

· 執事奉奠于左承旨府君神位前: 집사는 받들어 좌승지 부군의 신위 앞에 올리시오.

· 啓飯盖: 메 뚜껑을 여시오.

· 獻官 俯 伏: 헌관은 부복하시오.

· 執事酌酒進于獻官: 집사는 술을 따라 헌관에게 드리시오.

· 獻官受爵: 헌관은 잔을 받으시오.

· 以爵授執事: 잔을 집사에게 주시오.

· 執事奉奠于贈淑夫人襄陽權氏神位前: 집사는 받들어 증숙 부인 양양권씨 신위 앞에 올리시오.

· 啓飯盖: 메 뚜껑을 여시오.

· 獻官 俯 伏: 헌관은 부복하시오.

· 執事酌酒進于獻官: 집사는 술을 따라 헌관에게 드리시오.

· 獻官受爵: 헌관은 잔을 받으시오.

· 以爵授執事: 잔을 집사에게 주시오.

· 執事奉奠于贈淑夫人宜寧南氏神位前: 집사는 받들어 증숙 부인 의령남씨 신위 앞에 올리시오.

· 啓飯盖: 메 뚜껑을 여시오.

· 獻官 俯 伏: 헌관은 부복하시오.

· 祝奉祝板: 축관은 축판을 받드시오.

· 東向跪: 동쪽을 향하여 꿇어앉으시오.

· 讀于獻官之左: 헌관의 왼쪽에서 축문을 읽으시오.

· 獻官少退再拜: 헌관은 조금 물러서 두 번 절하시오.

· 鞠躬降復位: 국궁하고 내려가 제자리로 돌아가시오.

자암 독축

〈자암 초헌〉

· 初獻官升自阼階: 초헌관은 동편 계단으로 오르시오.

· 盥手: 손을 씻으시오.

· 鞠躬詣忠簡公府君神位前: 국궁하고 충간공 부군의 신위 앞으로 나아가시오.

· 跪: 꿇어앉으시오.

· 焚香三上: 향 셋을 살라 올리시오.

· 再拜: 두 번 절하시오.

· 執事立獻官之左右: 집사는 헌관의 좌우에 서시오.

· 執事酌酒進于獻官: 집사는 술을 따라 헌관에게 드리시오.

· 獻官受爵灌于茅沙: 헌관은 잔을 받아 모사에 부으시오.

· 俯伏興 少退再拜: 부복하고 일어나 조금 물러서 두 번 절하시오.

· 執事酌酒進于獻官: 집사는 술을 따라 헌관에게 드리시오.

· 獻官受爵: 헌관은 잔을 받으시오.

· 以爵授執事: 잔을 집사에게 주시오.

· 執事奉奠于忠簡公府君神位前: 집사는 받들어 충간공 부군의 신위 앞에 올리시오.

· 啓飯盖: 메 뚜껑을 여시오.

· 獻官 俯 伏: 헌관은 부복하시오.

· 執事酌酒進于獻官: 집사는 술을 따라 헌관에게 드리시오.

· 獻官受爵: 헌관은 잔을 받으시오.

· 以爵授執事: 잔을 집사에게 주시오.

· 執事奉奠于贈貞夫人廣州李氏神位前: 집사는 받들어 증정부인 광주이씨 신위 앞에 올리시오.

· 啓飯盖: 메 뚜껑을 여시오.

· 獻官 俯 伏: 헌관은 부복하시오.

· 執事酌酒進于獻官: 집사는 술을 따라 헌관에게 드리시오.

· 獻官受爵: 헌관은 잔을 받으시오.

· 以爵授執事: 잔을 집사에게 주시오.

· 執事奉奠于贈貞夫人南陽洪氏神位前: 집사는 받들어 증정
부인 남양홍씨 신위 앞에 올리시오.

· 啓飯盖: 메 뚜껑을 여시오.

· 獻官 俯 伏: 헌관은 부복하시오.

· 祝奉祝板: 축관은 축판을 받드시오.

· 東向跪: 동쪽을 향하여 꿇어앉으시오.

· 讀于獻官之左: 헌관의 왼쪽에서 축문을 읽으시오.

· 獻官少退再拜: 헌관은 조금 물러서 두 번 절하시오.

· 鞠躬降復位: 국궁하고 내려가 제자리로 돌아가시오.

· 執事退酒: 집사는 술을 물리시오.

○ 行亞獻禮(아헌례를 행함. 학동, 경정, 자암 동시 진행)

· 亞獻官升自阼階: 아헌관은 동편 계단으로 오르시오.

· 盥手: 손을 씻으시오.

· 鞠躬詣神位前: 국궁하고 신위 앞으로 나아가시오.

· 跪: 꿇어앉으시오.

· 執事酌酒進于獻官: 집사는 술을 따라 헌관에게 드리시오.

· 獻官受爵: 헌관은 잔을 받으시오.

· 以爵授執事: 잔을 집사에게 주시오.

· 執事奉奠于神位前: 집사는 받들어 신위 앞에 올리시오.

· 獻官 俯 伏: 헌관은 부복하시오.

· 執事進炙: 집사는 적을 드리시오.

· 獻官少退再拜: 헌관은 조금 물러서 두 번 절하시오.

· 鞠躬降復位: 국궁하고 내려가 제자리로 돌아가시오.

· 執事退酒: 집사는 술을 물리시오.

○ 行終獻禮(종헌례를 행함. 학동, 경정, 자암 동시 진행)

· 終獻官升自阼階: 종헌관은 동편 계단으로 오르시오.

· 盥手: 손을 씻으시오.

· 鞠躬詣神位前: 국궁하고 신위 앞으로 나아가시오.

· 跪: 꿇어앉으시오.

· 執事酌酒進于獻官: 집사는 술을 따라 헌관에게 드리시오.

· 獻官受爵: 헌관은 잔을 받으시오.

· 祭酒: 제주하시오.

· 以爵授執事: 잔을 집사에게 주시오.

· 執事奉奠于神位前: 집사는 받들어 신위 앞에 올리시오.

· 獻官 俯 伏: 헌관은 부복하시오.

· 執事進炙: 집사는 적을 드리시오.

· 獻官少退再拜: 헌관은 조금 물러서 두 번 절하시오.

· 鞠躬降復位: 국궁하고 내려가 제자리로 돌아가시오.

· 執事酌酒添酌: 집사는 술을 따라 잔에 더하시오.

· 插匙: 숟가락을 꽂으시오.

· 整箸: 젓가락을 바로 놓으시오.

· 執事分立床卓之東西: 집사는 제상의 동서에 나누어 서시오.

· 再拜: 두 번 절하시오.

· 闔門: 사당 문을 닫으시오.

· 降復位: 내려가 제자리로 돌아가시오.

· 獻官以下皆俯伏: 헌관 이하는 모두 부복하시오.

· (少頃): 잠시 기다린다.

· 祝三噫歆: 축관은 세 번 기침하시오.

· 獻官以下皆平身: 헌관 이하는 모두 평신하시오.

○ 行辭神禮(사신례를 행함. 학동, 경정, 자암 동시 진행)

· 執事啓門: 집사는 사당문을 여시오.

· 奉茶獻于神位前: 숭늉을 받들어 신위 앞에 바치시오.

사신재배

· 奉匙置于茶器: 숟가락을 받들어 숭늉그릇에 걸쳐 놓으시오.

· 鞠躬少竢: 국궁하고 잠시 기다리시오.

· 祝噫歆: 축관은 기침하시오.

· 落匙: 숟가락을 내리시오.

· 闔飯蓋: 메 뚜껑을 닫으시오.

· 斂主: 신주에 도자韜藉(神主를 씌우는 집으로, 흔히 비단을 겹으로 포개 붙여 신주에 꼭 맞게 만든다)를 씌우시오.

· 祝告利成于獻官之左: 축관은 헌관의 왼쪽에서 이성(정해진 의식을 마쳤음)을 고하시오.

· 執事降復位: 집사는 내려가 제자리로 돌아가시오.

· 獻官以下皆再拜: 헌관 이하는 모두 두 번 절하시오.

· 執事退酒: 집사는 술을 물리시오.

· 闔櫝: 주독을 닫으시오.

납주, 철찬

· 祝焚祝: 축관은 축문을 사르시오.

· 執事撤床: 집사는 제상을 치우시오.

이 모든 제사 절차를 마치고 학록정사에서 참석자들이 모두 모여 제수와 제주를 나누어 먹으면서 삼부자의 음덕을 기리고, 학록정사 대청 위에 새겨져 있는 '인에 거처하고'(居仁)와 '의를 따르는 것'(由義)이라는 현판의 의미를 새기면서 자손으로서의 삶의 마음가짐을 되새겨 보고, 문중과 관련된 여러 가지 이야기를 나누면서 자신의 뿌리를 찾는다. 광덕사에서 진행하는 삼부자의 불천위 제사는 가부장적인 폐해를 극복한 상당히 민주적인 방식이다. 제사 준비나 절차에서 관심 있는 모든 혈손들이 적극적으로 참여하는 개방적인 방식으로 진행되고 있기 때문에 제사를 거추장스러운 형식상의 예의로만 생각하지 않는다. 여기에는 자신을 있게 만든 뿌리와 조상의 은혜를 생각하는 제사의 기본정신이 녹아 흐르고 있다. '성인도 시속을 따른다'는 말이 있다. 살아 있는 인간 삶의 궁극적인 목표이자 최고 이상인격인 성인들조차 예를 행함에 있어서 시대적인 변화에 맞추어서 융통성을 발휘한다는 의미이다. 학록정사 광덕사에서 치르는 삼부자의 불천위 제사는 시대에 맞춰 종손에게 부담을 지우지 않으려는 제사 준비 과정과 절차를 볼 수 있지만, 예의 근본정신인 마음과 정성은 한결같이 변함이 없다.

한편 삼부자의 기일에 불천위 제사를 지내지 않고 있기에, 그 안타까움 때문에 산운마을의 큰집인 경정종택의 사랑채인 수락당壽樂堂의 뒷면 벽에는 학동 이광준 내외 두 분, 경정 이민성 내외 세 분, 자암 이민환 내외 세 분 등의 기일忌日을 기일판에 적어 기념하고 있다. 이것을 통해 산운마을의 영천이씨 가문을 부흥시킨 조상에 대한 후손들의 정성스런 추모의 마음 씀씀이, 기일 때 불천위 제사를 지내지 못하고 현대적인 시대상에 맞춰 4월 첫째 주 학록정사에서 합동으로 모시는 제사에 대한 후손으로서의 안타까움 등을 엿볼 수 있다.

주

1) 李民寏, 『紫巖集』, 권4.

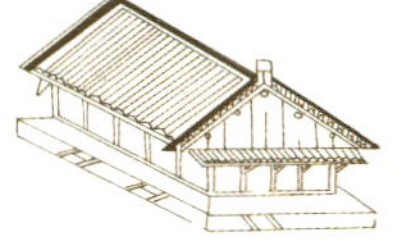

# 제6장 종손과 종부의 이야기와 종가의 미래와 희망

자암 이민환의 종손과 종부는 현대적인 감각과 사상이 몸에 체화된 엘리트 지식인이다. 자암 종손과 대화를 나누면서 전통의 현대적인 계승에 철저히 고민했던 지식인의 삶의 편린과 고민을 느낄 수 있었다. 자암의 13대 종손 이승진은 1941년에 산운마을에서 태어나 현재 생태공원으로 바뀐 마을 입구의 산운초등학교를 마치고 대구로 나가 경북중학교, 경북고등학교를 거쳐 서울대학교 상대를 졸업했다. 졸업하고 회사에 입사하여 코오롱과 한국타이어에서 전무를 지내고 퇴사하였다가 그 후에 개인 사업을 잠시 하였지만 여의치 않아 지금은 은퇴한 상태이다. 자암 종손은 현대를 사는 사람과 마찬가지로 생활을 도모하기 위해 고향을 떠나 어렸을 적부터 대구에서 중·고등학교를 마쳤고 서울에서 대학교를 마치고 회사에서 줄곧 청장년기를 보냈다. 서울에서 50여 평생을 보냈다. 종가를 지켜야 하는 종손의 고민을 알 수 있을 것 같아서 어린 시절 종손으로서의 고민이나 어려웠던 점에 대해 물어보았다. 그러자 종손은 어린 나이 때 아마 일고여덟 살쯤 되었을 무렵 가을 묘사 때 향로를 들고 산을 돌아다니는 일이 고민스럽고 괴로웠다고 대답했다. 자신의 또래와는 다른 일을 한다는 사실을 받아들일 수 없었지만, 어린 나이에 다른 집안과 다르게 이런 가정에서 자랐기에 운명인 것이 아닌가라고 생각하였다고 한다. 어린 나이의 솔직함과 전통을 고수하는 어른들 세계에 대한 반감과 수용, 체념과 고민이 느껴졌기에 그다음 질문을 던졌다. 종손의 삶에 대해서 선친께 당부 받은 것이 없느냐는 질문이었다. 선친이 오직 강조한 것은 '종손이란 행동거지가 남달라야 하고 말과 행동에 조심해야 하며 의롭게 행동해야 한다'는 것으로, 기본적인 삶의 태도에 대한 말씀을 누누이 하셨다는 것이다.

이 지점에서 자암 이민환이 자신의 셋째 아들인 이정기李廷機가 1648년(인조 26) 과거에 급제한 뒤 당부했던 말이 생각났다. 이민환은 과거에 급제한 이정기에게 "사대부의 자제가 처음 과거급제를 하는 것은 처녀가 처음 시집을 가는 것과 같도다. 한 번이라도 실언하거나 행동에 있어 실수를 저지르면 많은 사람들이 시끄럽게 떠들어 댈 것이니 조심하여야 한다. 그리고 너는 본래 술을 즐겨 마시지는 않지만 친구들이 억지로 권하면 자신의 주량을 넘어 몸을 상하게 할 수 있으니 더욱 신중하여야 한다"라고 당부하였다고 한다. 자식들에게 올바른 언행을 강조했던 자암의 생각이 대대로 산운마을에 전해지고 있는 것이 아닌가라고 생각했다. 어린 나이에는 부자유스러운 구속이라고 느낄 수도 있었겠지만, 종가 전통의 힘이란 알게 모르게 바람직하게 살고자 하는 인간의 세세한 행동양식에 영향을 주는 것이다. 그래서 종손으로서 부모님께 특별한 가르침이나 다른 교육을 받으신 게 있지 않겠느냐고 물었다.

뭐, 부모님뿐만 아니라, 우리 마을 전체 어른들이 "언행을 조심하고 항상 의롭게 살라"라고 하는 게 일상적인 얘기였죠. 어릴 때부터 항상 이야기하던 것이죠. 어릴 때 억울하단 생각도 하긴 했었죠. 친구들끼리 다 어울려 노는데 나는 마음대로 어울릴 수 없었다든가, 어린 느낌에 분위기상, 마을의 모든 어르신네들이 감시자 비슷한 것이 아닌가라는 생각이 들 정도였어요. 그렇게 생활했기 때문에. 그리고 또 내가 열세 살 때 학교를 경북중학교 들어가서 대구로 나갔기 때문에, 그 뒤에는 오면, 마을 어른들께 일일이 인사 다 드리고, 좋은 얘기 듣는 정도였죠. 이렇게 일상적으로 생활한 정도이고. 흠. 또 가족 내에서는 할머니께 특별대우를 받았죠. 대구에 나가서 공부하다가 산운마을에 올 때, 할머니가 특별하게 아껴 둔 감이라든지 곶감이나 떡이든지. 제사 쓰고 난 뒤에 남는 것을, 항상 벽장에 넣어 두시고는, "이것은 종손 몫이다" 하고서는 동생들한테 안 주셨어요. 그래서 내 밑에 동생은 '형님은 할머니가 계속 챙겨 주셨다' 는 얘기를 하죠, 원래 인간 심리란 안 주면 더 먹고 싶거든요. 안 주면 더 먹고 싶은데, '형님 몫이다' 해서 할머니가 절대 금지니까, 그렇게 보관하시고 나한테 주신 기억이 많이 생각나요. 또 마을에서도 어른들도 많이 챙겨 주시고 하셨죠.

그다음에 내가 초등학교 5학년 때쯤일 거요. 성균관대학교 초대 동양문학과 교수하시던 양산壤山 이태능李泰能(1887~1961) 선생이 마침 우리 마을에 계셨어요. 독립운동하셨던 경산 이태직 선생 아우 되시던 분이죠. 심산 김창숙 선생하고 친구분이시고, 그분이 1·4 후퇴 때 산운으로 내려오셔 가지고, 한 2년간 아침 일찍이 새벽에 한 시간씩 한문을 배운 적이 있었죠. 배우면서 그때 우리 전체 종중에 대한 얘기, 그다음에 영남 유림에 대한 전체적인 이야기를 들은 적이 있죠. 뭐, 그 정도죠, 그 뒤에는 늘 학교 다닌다고, 60년부터는 서울서 대학 다니고 군대 가고, 거기서 사회 나가서 월급쟁이하고 이랬으니까 별로 마을에 항상 기여한 것도 없고 그렇죠. 종가를 지키면서 산운마을에 살지 못하고 마을에 보탬이 안 된 것이 좀 안타깝죠.

이렇게 종손은 별로 배운 것이 없고 종가에 대해서 아무것도 한 것이 없다고 겸손하게 말하였다. 하지만 어릴 때부터 마을 어른으로부터 올바른 언행에 항상 신경 쓰라는 말씀, 우리 시대 마지막 한학자였던 양산 이태능 선생에게 영남지역의 유림의 역사와 집안의 역사를 배우고 한문을 배웠던 유년기의 체험과 기억을 무시할 수 없다. 이런 기초가 있었기에 자암 종손은 영남지역의 유학사나 종가의 역사와 한문에 대해서 해박한 지식을 가지고 있었다. 그러나 과거질서를 그대로 맹목적으로 수용하는 입장은 아니었다. 전통문화와 종가문화가 현대의 일반적인 관점에서 재해석될 필요가 있다고 강조하였다. 그렇지만 변하지 않는 보편적인 삶의 가치와 철학은 우리가 고수해야 된다는 것이다.

자신을 절제하고 타인을 위해 살라고 끊임없이 집안에서 당부한 말, 이는 현재까지도 아직 살아 있는 인간생명의 가치이자 자암종가의 삶과 철학이다. 이러한 종가의 가족사적인 배경 속에 어릴 때부터 인성교육이 자연스럽게 이루어졌던 것이다. 종손은 봉제사 접빈객이 궁극적 목표가 아니라 그 속에 숨어 있는 인간의 바람직한 자세와 도리에 대해서 끊임없이 질문을 던지는 기회를 가졌고, 또한 자신 존재의 뿌리를 은연중에 체득하였던 것이다. 종손은 별것 없었다고 말하였지만, 사소한 일상 속에 서서히 체득되는 삶의 올바른 가치를 심어 주는 것이 '종가'라는 생각이 들었다.

종가에서 항상 강조하였던 봉제사 접빈객하는 과거의 전통에 대하여 종손은 현재 사회에서 새로운 변화를 모색해야 한다고 대답했다.

> 봉제사 접빈객은 과거에 유가에서 가장 고귀한 일로 여겨졌었죠. 이는 농경사회가 협업 없이는 경제사정을 개선하지 못하는 현실에서 그 사회의 구심점은 종가였다고 나는 생각해요. 하지만 현대사회는 다르죠. 봉제사 접빈객의 전통만으로 살 수 없는 경제적 구조를 지니고 있지 않아요. 요즘은 민주화, 도

시화, 산업화 등의 영향으로 종손의 사회적인 경제적인 지위는 일반 사람들과 마찬가지로 급격히 떨어졌어요. 하지만 과거의 관습의 영향으로 종손의 책임과 구실은 그대로 지속되고 있는 실정이에요. 그러면서 종손이 종가를 제대로 유지하고 이끌어 가지 못한다는 비판과 문책은 여전합니다. 종가가 경제적 여유가 있어야 조상을 제대로 모실 수 있습니다. 종가를 지키기 위해서는 현실적으로 돈이 많이 들어가는데 마땅한 수입이 없다면 지킬 수가 없는 법. 과거에는 종가를 지키면 경제적인 부분은 보장되었죠. 현재는 경제적인 보장을 할 수 없는 경제구조죠. 돈이 없어 종가를 지키지 못하는 그런 부분들이 많을 거예요. 제사 모시고, 손님을 대접하는 과거에 전통의 굴레만으로 살 수 있는 시대는 분명 아닙니다. 너무 형식적인 전례나, 봉제사 접빈객에, 옛날의 허구적인 의식에 너무 집착할 필요 없는 게 아니냐 싶어요. 조상을 모시는 것은 좋은 전통이지만 그것에 형식적으로 매몰되어 현실을 망각해서는 안 된다는 거예요. 현재 많은 종가들이 경제적인 문제를 해결하지 못하고 종가가 관광지화하고 심지어는 숙식을 제공하면서 경제적인 어려움을 해결하고 있는 실정입니다. 그저 관광이 목적이라면 종가는 필요 없는 것이에요. 경제적으로 자립할 수 없는 종가라는 브랜드로는 제대로 된 종가문화가 나올 수 없는 것입니다. 그래서 우리 집안은 상당히 혁신적이라고 생각할 수 있어요. 불천위 제사와 묘사 등은 모두 문중 종회 주관 아래 모든 종친들이 모여서 전통을 반추하는 계기로 삼고 있습니다. 봉제사가 일방적인 한 사람의 희생이 아니라 여러 종친들이 분담하는 민주적인 구조로 변화했지요. 종손과 종부의 부담을 획기적으로 덜어 주고 있는 셈이죠. 영남지방에서는 불만스런 시선이 있겠지만 난 현대적인 방법이라고 생각합니다. 형식적인 부분보다 종가의 기본 정신을 계승하는 것이 중요하죠.

이러한 말을 듣고 있는 순간, 세계적인 대문호인 루쉰의 단편소설 『고향』이 생각났다. 『고향』은 퇴계 이황의 14대손인 이육사가 좋아해서 직접 번역까지 한 작품이다. 루쉰의 『고향』은 어릴 적 경험을 토대로 쓴 자전소설로서, 근대적인 지식인으로 성장한 '나'라는 작중인물이 20여 년 만에 고향으로 귀향하는 과정과 고향의 옛집을 처분하고 도시로 떠나는 이향 과정에서 자기 정체성을 발견하고 미래에 대한 희망을 떠올리는 이야기이다. 소설 속에 부잣집 도련님인 '나'에게 어린 시절 자신 집의 하인이었던 또래 친구 '윤토閏土'는 '나'의 꿈을 기탁하던, 어린 시절 이상적인 영웅이었던 인물로 그려진다. 20여 년 만의 귀향에서 다시 만난 어른이 된 '윤토'는 꿈속에 기억하고 있었던 영웅의 모습이 아니고, '나'를 나으리라고 부르고 제사 지낼 때 쓰는 향

로와 촛대만을 탐내는 그야말로 봉건적인 인물이 되어 있었다. '윤토'가 그렇게 될 수밖에 없었던 이유는 생계를 도모할 수 없게 만드는 그 당시 경제구조적인 원인과 정치적인 원인이다. 주인공 '나'는 고향에 오롯이 담겨져 있었던 '윤토'와의 아름다운 추억이 현실 속에 가로놓여 있는 많은 장벽으로 인해 실현될 수 없음을 느끼고 고향을 떠나면서 희망을 떠올린다. 소설 마지막 부분을 잠깐 인용해 보자.

> 옛집은 나에게서 점점 멀어져 간다. 고향의 산도 물도 모두 점점 내게서 멀어져 간다. 그러나 나는 아무런 미련도 갖지 않았다.…… 수박밭에 은목걸이를 걸고 서 있는 어린 영웅인 윤토의 형상은 원래 아주 뚜렷했으나 지금은 어렴풋해졌다. 그래서 나는 더없이 서글퍼졌다.…… 나와 윤토는 결국 이처럼 거리가 멀어져 버렸구나. 하지만 우리의 후손들도 여전히 한마음으로 이어지고 있다. 나의 조카 홍아宏兒는 지금 윤토의 아들 수생水生을 그리워하고 있지 않는가. 나는 그들이 우리를 닮지 않기를 바라며, 사람들 사이에 장벽이 생기지 말기를 바란다.…… 나는 또 그들이 헤어지지 않으려고 나처럼 고달픈 방랑의 생활을 하는 것도, 또 윤토와 같이 괴로움에 마비된 생활을 하는 것도 원하지 않는다. 그들에게는 우리들이 아직 경험해 보지 못한 새로운 생활이 있어야만 한다.…… 나는 생각

했다. 희망이란 것은 있다고도 할 수 없고, 없다고도 할 수 없다. 그것은 마치 땅 위의 난 길과 같은 것이 아닐까. 사실 말이지 길이란 원래부터 있었던 것이 아니라, 다니는 사람들이 많아지면서 차차 그것이 곧 길이 되는 것이다.

소설에서 주인공 '나'는 어린 시절 윤토의 모습을 그의 아들 수생과 나의 조카 홍아의 모습에서 발견하는바, 고향상실감을 극복할 희망을 미래 세대의 아이들에게 기탁한다. 따라서 '나'는 고향에서 멀어지는 동시에 현실에서 부재하는 고향으로 돌아감을 준비한다. 그 돌아감의 길은 미래의 꿈으로 향하는 희망의 길이다. 그 희망이란 땅 위의 길과 같이 본디 있다고도 할 수 없고 없다고도 할 수 없는, 단지 그것의 실현을 추구하는 사람에게서만 생겨나는 실천적이고 불확정적이며 미래적인 희망인 것이다. 이보다 더 솔직하게 전통과 현대를 고민하였던 지식인의 변이 어디 있을까 싶다. 그러했기에 이육사가 좋아했던 작품이라는 생각이 든다.

자암 종손 이승진도 루쉰이 느꼈던 것과 같은 비슷한 고민을 하고 있는 듯했다. 종손의 생각은, 종가에서 행해지는 모든 전례 방식들, 종가를 지키고 제사를 모시는 절차 등은 현재 생활에 맞는 새로운 방법을 찾아야 한다는 것이다. 지금 현재 봉제사의 전통을 과거 형식의 절차와 과정으로만 생각하고 교조적으로 답습

한다면 「고향」 속에 윤토의 모습처럼 마비된 삶을 살게 될지도 모른다. 종손을 지탱시키게 하는 경제력과 사회저변의 문화가 굳건하지 않고 종손의 의무만 강조하는 방식은 과거의 맹목적인 답습이 아닐까라는 말이 가슴을 아프게 한다. 너무 무거운 주제라서 '회사생활하면서 종손으로서 어려운 점이 없었느냐?' 라는 가벼운 질문을 던져 보았다. 그러자 종손은 다음처럼 대답하였다.

> 저는 회사에 들어가서 임원이 일찍 되었어요. 8년 만에 임원이 됐죠. 그래서 종손의 임무를 보고 배웠던 나는 사주社主하고 협상을 했습니다. '내가 여름휴가는 안 가겠다. 대신에 봄에 불천위 향사하고 가을에 묘제가 있으니까, 그때 한 열흘을 따로 휴가를 달라' 고 요구했죠. 사주가 말하길 "앞으로 그게 통용되겠어요? 시대가 바뀌었어요" 라고 말했어요. 이처럼 종손으로서의 최소한의 요구도 수용이 되지 않았지요. 그렇다고 회사를 그만둘 수도 없죠. 먹고 살아야 되고 가정을 책임져야 하는데.

이 말을 듣는 순간, 종손으로서의 의무감과 생활인으로서의 책임감 사이에 수많은 갈등으로 지금까지 지내왔다는 생각이 들었다. 전통의 마지막 세대와 현대의 첫 세대에 끼어서 어찌할 수 없었던 안타까움이 느껴졌다. 이런 지점이 지금 종가가 처해진

공통된 부분일 것이리라. 자암 종손은 결혼도 전통의 마지막 세대의 방식으로 하였다. 종부와의 만남과 결혼에 대해서 이렇게 이야기했다.

> 60년대 말 서울에서 그 당시 성균관장을 맡고 계시는 분이 예천 출신인 권중해 선생이고, 부관장을 하시는 분은 충청도 당진 출신의 이재서 선생이었어요. 후에 성균관장을 하였던 이재서 선생이 저의 장인이 되었죠. 그 연유를 말하자면, 저의 아버지하고 성균관장인 권중해 선생하고 잘 아는 사이였어요. 선친께서 성균관장인 권중해 선생에게 "우리 아들 중신을 서라"라고 부탁했고, 또 부관장인 이재서 선생은 권중해 선생한테 "내 딸이 있으니까 좋은 혼사 자리가 있으면 소개해 주시오"라고 말했죠. 우연하게도 딱 맞아떨어진 것이죠. 그래서 만나게 되어서 결혼하게 되었고 지금까지 살고 있습니다. 집사람은 충남 당진 출신인 덕수이씨로 중종 때 우의정과 대제학을 겸한 용재 이행의 직계후손이고, 율곡 이이와 충무공 이순신의 방계후손이죠. 이화여대 신문방송학과를 졸업했죠. 일흔이 넘도록 아직 고생하고 있죠. 우선 풍속과 관습이 다르고 해서 고생하는 거죠.

전통의 방식대로 명망 있는 집안끼리 중매를 통해 결혼을 하였다. 종부는 올해 일흔이 된 이기임이고 이화여대 신문방송학과를 졸업하였다. 종부는 성균관장을 하셨던 부친의 영향으로 항상 정직하고 성실하라는 말씀을 듣고 자랐다. 종부는 종가라고 알고 온 것이 아니었다. 아무런 생각 없이 남편 좋다고 와 보니까 종가였던 것이다. 종부가 결혼할 당시 친정아버지께서 겸손하고 책임감을 가지며 "한 집안의 성쇠가 너의 어깨에 얹혀 있다는 것을 명심해라"라고 당부하였다고 한다. 사실 시집을 처음 왔을 때는 음식을 비롯하여 생활방식, 시어머니와의 성격적 갈등, 그리고 자암종가와의 문화적인 차이 등 모든 것이 달랐기에 고생을 많이 하였지만, 남편은 언제나 종부를 위로하지 않고 침묵으로 줄곧 대응하였다고 웃으면서 말한다. 남편의 침묵은 영남지방의 문화에 적응할 때까지 계속되었다. 몇 년이 지나면서 종부 스스로 문화적인 차이로 이해를 하자 소통이 되었고, 모든 문제는 자연스럽게 해결되었다고 한다. 지금 시어머니가 생존해 계시므로 종부의 역할이라는 것은 거의 없었다고 말한다. 자암종손과 종부의 얘기를 들으면 본인들은 아무것도 한 것이 없다고 한결같이 겸손하였다. 현대적인 엘리트로서 전통의 방법대로 살아온 것은 없었다고 할지라도, 집안 내력이란 것을 무시할 수 없다. 어릴 때부터 집안에서 눈으로 보고 배우고 익힌 인간으로서의 자질이 본인은 알지 못하더라도 체득되어 있는 것 같았다.

부부 사이에 일남일녀를 두었지만, 마흔이 불쑥 넘은 아들딸들이 시집 · 장가가는 것이 싫다고 해서 그냥 보고 있다고 말하였다. 자유롭게 아들딸들이 선택하는 것을 존중한다고 했다. 그럼 "차종손이 결혼을 안 하면 종가가 끊어지지 않겠습니까?" 라는 질문을 던지자, 종손은 "특별히, 나는 그런 것에는 신경 않습니다. 영남의 종가라는 그런 문화가 계속 계승될 수 있느냐는 게 사실 의문스럽습니다. 종가가 과거 형식의 답습이라면 저는 반대입니다. 종가라는 울타리에 넣었을 때, 과거처럼 그 반대급부로 인생에 보상이 되고 생계가 유지되고 해야 되는데. 그게 불가능한 걸 유지해 봐야 젊은 사람한테는 구속이고 억압입니다. 종손이 직업은 아니죠. 자신의 직업을 가지고 생계를 도모해야 하는 현재적 상황에서 종손 되기만을 강요할 수 없다는 것이죠" 라고 대답하였다. 이것에 대해서는 자연스럽게 미래 세대에게 맡겨둘 일이라는 것이다. 어려운 지점이다. 그럼 지금 현재에서 종가가 어떻게 하는 것이 좋은 것인지에 대해 종손에게 물었다.

과거와 같은 종가가 유지되지 않는 시대가 됐기 때문에, 저도 "종가문화를 어떻게 하면 유지돼 가느냐?" 라는 질문에 고민을 많이 하고 있지만은 뚜렷한 해답이 안 나와요. 학계나 이런 데서 고민해 주는 게 좋지 않겠느냐 생각을 합니다. 아까 말했듯이 봉제사 접빈객에 방점을 찍은 것이 종가의 핵심이 이제 아니라고 생각해요. 봉제사 접빈객은 다른 종가에 강요할 수 없지만 우리 문중처럼 종회에서 주관하면서 종친들이 모여서 조상을 추모하고 전통을 반추하는 계기로 삼는 것이 좋겠어요. 영남에서 불천위 종가가 100여 군데 가문이 넘는다고 하는데, 다 똑같은 방식으로 지내라고 하는 것은 아니잖아요. 종가문화는 형식적인 틀에서 나오는 것이 아니라 정신적인 측면에서 나오는 것이 틀림없어요. 종가문화의 핵심은 살아가는 인간의 가치에 대해서 고민하는 것이죠. 종택과 같은 외형적인 측면도 아니죠. 또 종택이란 것이 항상 으리으리한 기와집이라야 되는 게 아니죠. 이를테면 논산에 가면 명재 윤증尹拯이라고 그 양반 집이 있어요. 그 집에 담장이 없어요. 왜냐하면 그 당시에는 논산만 하더라도 충청도에서 노론이 위주였는데, 그 양반이 소론이라서 항상 그 집에 출입하는 사람들이 경계의 대상이 되고. 어떤 모의라든가 이런 걸 담장 너머로 하기 때문에, '우린 잘못한 점이 없다.' 그래서 보란 듯이 담장을 없앴던 거죠. 우리 자암종택은 접빈객하는 사랑채만 기와집으로 되어 있고 나머지는 초가로 되어 있었어요. 자암 선조는 옛날부터 정적政敵이 많았기 때문이에요. 소위 강직하셨죠. 정의롭고 자신이 옳다고 하는 것을 굽히지 않는 성격이랄까? 이런 부분을 현재의 잣대로 다시 평가해야 될 것이에요. 다 똑같이 외형적인 측면에서 종택을 평가하면 안 되는 것 같아요. 전통을 전통 속에 고립시키면 생명력이 죽거든요. 살아 있게끔 해야 돼요.

아무튼 종가 속에 담긴 기본적인 정신을 계승하는 것이 종가 문화라고 생각해요. 학계에서 고민할 필요가 있어요.

그렇다. 무엇이 종가문화라고 정의할 수 있는지 혼란스럽다. 현재 종가문화라고 하는 것이 정신적인 영역에서의 고찰보다도 음식, 제례, 건축 등과 같은 형식적인 측면에 머물러 있는 것이 아닌가라는 성찰도 해 본다. 자암 종손은 2012년 3월에 창립한 대구·경북지역 불천위 종가 종손 모임인 영종회嶺宗會에도 참여 요청이 있었지만, 자신은 참석하지 않는다고 하였다. 왜냐고 물었더니, 영종회가 종가문화를 활성화한다는 취지지만 자신은 현대사회에서 무엇이 살아 있는 종가문화인지 알 수 없다는 것이다. 과거를 답습하면서 전통을 전통 안에 고립시키는 것이 현재의 종가문화가 아니지 않느냐는 비판적인 시각이었고, 또 종가 모임이 정부나 지자체에 지원을 바라는 그런 의도도 있지 않겠느냐는 부정적인 시선이었다. 그리고 만약 종가 모임이 현대사회에서 정부나 지자체에 도움을 구하면, 진정한 종가의 기본 정신이 사라진다는 이야기이다.

종가의 기본 정신이 무엇일까? 지금 시점에서 종손이 지켜야 될 가치는 무엇일까? 이런 의문이 들었기에 자암 종손에게 산운마을 자암종가의 자랑이 무엇인지에 대해서 물어보았다. 그러자 종손은 산운마을을 성장시킨 학동, 경정, 자암 삼부자가 실천해 온 나눔과 베풂의 애민정신, 옳다고 여기는 것에 굽히지 않는 절의정신이 자랑스럽고, 구한말에 이태직 선생을 비롯한 많은 독립투사가 나온 계기도 바로 삼부자의 애민정신과 절의정신 때문이라고 대답하였다. 종손은 산운마을 선조들의 일생을 한마디로 풀자면, 나눔과 베풂이라고 강조하였다. 요즘 개인주의 성향이 갈수록 강해지는 우리 사회의 젊은이에게 나눔과 베풂의 정신적 가치를 심어 주는 것, 이것이야말로 종가의 기본 정신이 아니겠는가? 그럼 현재 종손으로서의 책무와 역할이 무엇이겠느냐고 물어봤다.

저도 과거의 전통적 관점에 입각한 사람들에게 '종손이 그래서 되겠느냐?' 는 식의 압력을 많이 받습니다. 종가에 살지 않고, 서울에서 살고 있으니까. 나쁘게 보면 한없이 나쁜 것이겠죠. 그렇지만 저도 항상 종손이라는 것을 의식하고 살고 있어요. 평생 의식하고 살았어요. 그래서 구속이 많았죠. 여행이나 여름휴가 같은 것도 제가 맘먹은 대로 가지 못했고, 항상 말과 행동에 심리적인 제약이 많았어요. 요즘 제사 모시고, 형식적으로 종가에 사는 것만이 종가문화가 아니잖아요. 지금 시대는 바뀌었어요. 저는 종손으로서의 책무란 자랑스러운 조상들의 삶의 숨결을 느낄 수 있는 것을 알리는 작업이라고 생각해요. 조상들이 남기신 문헌, 요즘 어려운 한문으로 쓰인 것을 번역하고 재해석하여 조상들이 펴고자 하셨던 이상을 종중이나 일반 사람들에게 알리는 일이 가장 중요하다고 생각해요. 그 과정에서 현대적인 관점에서의 재해석이 반드시 필요하죠. 저희 자암 선조의 글을 보면 평등지향의 가치에 입각한 나눔과 베풂의 애민정신이 투철했던 글이 많이 있어요. 요즘 말로 풀어 말하자면, 공평과세를 하기 위한 조세정책과 통화정책, 부국강병의 국방정책, 신분 상승의 기회를 제공하기 위한 사회정책 등 요즘 시선에서 살펴보면 혁신적인 정책들이 많아요. 자암 선조의 많은 글들이 소실되었지만, 남아 있는 글들만이라도 번역하고 소개해야 되는 것이죠. 그리고 자암 선조의 형인 경정선생은 백성들과 함께하는 애민시와 같은 수많은 작품을 남겼어요. 조선조에 시를 가장 많이 남기신 분 중에 하나일 거예요. 시가 약 천 몇백 수가 넘을 거예요. 이런 글을 번역하고 재해석하는 작업이 종손으로서의 책임이라고 해요. 그리고 이런 선조들의 정신을 생각하면서 생활 속에서 반듯이 살아가는 것이 최소한의 역할이라고 생각해요.

이런 대답 속에서 선조들이 남긴 가치를 후대의 혈손들이 생각하고 생활 속에서 실천하는 것이 지금 시대의 종가정신이 아닐까라는 생각을 해 보았다. 인간으로서의 기본적인 도리와 예의는 사람들 간의 갈등을 해소하고 거리를 좁힌다. 우리 시대 중요한 것은 상실해 가고 있는 인간의 기본적인 도리와 예의를 회복하는 것이 아닐까? 인간의 기본적인 도리와 예의는 종가에 아직 최소한이나마 살아 있는 것 같다. 한국의 종가를 이룬 선인들의 삶은 스스로 자신에게 엄격하며, 자신의 이익을 추구하는 것이 아니라 백성들의 이익을 항상 생각하면서 백성들을 섬기고 나라를 걱정하며 살던 것이 일반적이었다. 따라서 종가에서는 사심이 없는 정의로움과 타인과 더불어 사는 삶의 진솔함과 반듯함이 넘쳐 난다. 일제강점기 시기 영남 북부지방에서 독립운동가가 많이 배출되었던 이유가 바로 이러한 종가정신이 바탕이 되었기 때문이리라. 지금 현재 종가문화를 보존하려면 형식적인 껍데기 말고 현대 물질문명 속에 타락한 인간의 마음을 정화하고 사회적인 약자들과 함께하는 나눔과 베풂의 정신자세를 다시 세우는 작업이 필요하겠다. 현대사회에서의 '참인간 만들기' 가 종가문화가 남긴 소중한 재산이 아닐까?

종손과 이야기를 나누면서 우리 시대 종손으로서의 고민을 느낄 수 있었다. 현대 실생활과 다소 괴리되었던 봉제사 접빈객의 과거 전통에 지나치게 얽매인 우리 시대 종가의 어려움을 이해할 수 있었고, 과거 세대와 현대 세대에 끼인 중간 존재로서의 종손의 어려움도 느낄 수 있었다. 하지만 종손은 현대를 사는 한 인간으로서 하지 말아야 할 일과 반드시 해야 할 일을 분명하게 알고 있는 듯하였다. 따라서 자암 종손과 대화를 하면서 현재 종가에 무엇이 지켜야 하는 전통이고 무엇이 바뀌어야 하는 낡은 유산인지에 대한 고민을 분명히 인식하는 계기가 되었다. 사사로운 마음을 비우고 새로 올 미래를 응시하면서, 바뀌어 가는 것 속에 변할 수 없는 정신적인 가치를 되새겨 본다. 현대적인 관점에서 종가문화는 아직 미완성의 꿈이다. 그래서 희망이 생긴다. 종가의 삶과 철학을 배우고 어떠한 삶이 진정 가치 있는지를 아는 미래 세대가 많으면 희망이 있을 것이다. 루쉰의 『고향』에서 희망을 이야기하듯이, 우리의 미래 세대가 아직 경험해 보지 못한 새로운 현대생활의 종가문화를 만들 수 있을 것 같다. 그 희망은 미래에 속하는 것이니까.

## 참고문헌

李民宬, 『敬亭集』(『한국문집총간』 76), 민족문화추진회, 1998.
李民寏, 『紫巖集』(『한국문집총간』 82), 민족문화추진회, 1988.

『永川李氏世譜』(전3책).

永川李氏 監司公派宗會, 『鶴洞 李光俊先生과 氷溪書院』, 성문기획인쇄, 2004.
의성문화원, 『義城의 古代社會』, 서대구신문사, 2001.
李 木 編著, 『永川李氏의 淵源과 그 世系』, 永川李氏 中央宗會, 大譜社, 2003.
이태능, 『국역 양산문고』, 도서출판 청솔, 2010.

문명순, 「경정 이민성 문학의 연구」, 성균관대학교 박사논문, 2005.
안세현, 「자암 이민환의 「책중일록」과 「건주문견록」에 대하여」, 『동방한문학』 제34집, 2008.
우인수, 「자암 이민환의 시대와 그의 현실대응」, 『동방한문학』 제34집, 2008.
이구의, 「자암 이민환의 시문학 연구」, 『동방한문학』 제34집, 2008.
장재호, 「자암 이민환의 생애와 저술」, 『동방한문학』 제34집, 2008.

이상국, 「이상국의 '조선의 이태백' 경정 이민성 스토리(의성)」, 『영남일보』, 2011. 9. 28 기사.

永川李氏 大宗旅路, http://cafe.daum.net/yclee
한국고전종합DB, http://db.itkc.or.kr/itkcdb/mainIndexIframe.jsp